浙江大学数字长三角战略研究小组

组　长　吴朝晖　浙江大学校长

副组长　黄先海　浙江大学副校长

　　　　魏　江　浙江大学管理学院院长

　　　　郁建兴　浙江工商大学校长 浙江大学公共管理学院院长

　　　　韦　路　浙江大学传媒与国际文化学院院长

　　　　胡　铭　浙江大学法学院常务副院长

《数字长三角战略2021：数字创新》写作组

吴朝晖　魏　江　黄先海　郁建兴　韦　路　胡　铭　李铭霞　张蔚文

尹建伟　黄　旦　林　玮　宋学印　刘　洋　周　翔　徐元朔　李　飞

浙江大学数字长三角战略研究小组 著

数字长三角战略2021
数字创新

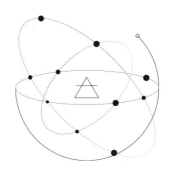

DIGITAL YANGTZE RIVER DELTA
STRATEGY 2021
DIGITAL INNOVATION

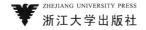
ZHEJIANG UNIVERSITY PRESS
浙江大学出版社

序　言

2018 年,习近平总书记在首届中国国际进口博览会上宣布"支持长江三角洲区域一体化发展并上升为国家战略"。2019 年,中共中央、国务院印发《长江三角洲区域一体化发展规划纲要》,长三角迈向了更高质量一体化发展的全新阶段,承担着引领国家现代化发展新高度的战略使命。2020 年 8 月 20 日,习近平总书记在合肥主持召开扎实推进长三角一体化发展座谈会时强调,长三角要紧扣一体化和高质量两个关键词,积极探索形成新发展格局的路径,率先形成新发展格局,加快打造改革开放新高地。正是习近平总书记和中央的高度重视,长三角区域创新体系一体化快速推进。长三角三省一市是国内数字技术发展最快、基础设施最完善的区域,实现区域内数字创新协同最具条件。为此,我们课题组聚焦数字创新这一主线,围绕长三角一体化这一主题展开研究。

数字创新成为推动长三角区域一体化协同发展的新动能。数字创新是以数据为核心生产要素,数字技术为关键创新手段,以数字人才、数字基础设施为基本创新条件,贯穿从创意产生、研究开发、产品化、工程化到产业化的全过程。当今世界,新技术、新业态、新模式层出不穷,以数字创新、人工智能创新为代表的第四次工业革命浪潮席卷全球,全面颠覆了企业组织和产业组织,重塑了企业形态和产业组态,呈现出主体虚拟化、过程智能化、要素数字化、组织平台化等趋势,使长三角区域内数字链、物流链、产业链、创新链通过四元空间低成本交融成为现实,给长三角各类创新主体提供了低成本创新要素,为长三角区域一体化增量创新和赋能创新保驾护航。

数字创新拓展了长三角区域数字经济一体化发展的新空间。数字创新技术天然具有的跨区域、跨行业、跨市场特征,不仅能够为重要区域内的传统要素流动提供基础设施支撑,还能够率先从数据要素出发推动新型资源跨域流动,有助于加速打破区域空间隔离,助力破解资源要素跨域流动的壁垒,让长三角经济社会运行在效率、质量、动能等多维度高质量协同的新空间上。因此,打造长三角数字创新高地、构建全球领先的数字创新系统,为长三角高质量一体化发展提供了新空间,也是加快建设数字经济、数字社会、数字政府,促进开放协同、整合全球数字资源,构筑未来产业全球竞争优势的客观需要。

数字创新成为推动长三角区域高质量发展的新路径。长三角社会经济发展已经从量的提升转变为质、量共抓的新时期,要在积极探索形成以国内大循环为主体、国内国际双循环相互促进新发展格局路径的基础上,向高质量发展、高品质生活、高效能治理发展迈进,数字经济成为新引擎,而数字创新成为让引擎在快车道上持续牵引的动力。长三角区域在创新驱动发展的道路上,仍然存在数字基建"断头路"多、需求缺口大、数据孤岛多等问题。而数字创新可以超越物理空间和传统基础设施,在虚拟的"孪生"世界构建数字长三角的运行体系,自然应该是长三角一体化深化发展的必由之路。推动数字经济一体化需要三省一市发挥各自在数字经济领域的优势,协同构建国际领先的数字基础设施,率先构建数字媒体创新一体化发展示范区,以产业数字创新和数字服务创新融通长三角创新资源,共同打造数字经济创新生态系统,最终实现服务经济和区域的高质量发展目标。

数字治理是长三角一体化最有可能突破的制度创新。新阶段对长三角区域治理体系和治理能力现代化提出了更高要求,如何利用数字创新赋能治理体系和治理能力现代化,成为推动长三角一体化高质量发展亟待解决的重大议题。当下,数字世界的重要性进一步凸显,已成为与物理空间相并立的独立空间。长三角地区作为数字产业发展之重镇,数字空间的综合治理是进一步夯实数字经济和数字创新的基础。利用数字技术赋能创新网络综合治理,着力构建互联互通、高效协同、智能共享的数字法治体系是实现网络整体智治,落实长三角区域数字经济、数字社会改革建设向纵深发展的基础保障。

《数字长三角战略 2021:数字创新》明确以数字创新为区域发展的新动能,探讨数字创新驱动长三角一体化高质量发展的实现路径。全书共有六个部分,其中第一部分、第二部分、第六部分立足于数字经济建设,围绕数字经济循环、产业数字创新、数字服务创新三方面展开专题讨论,分析了长三角地区如何在新发展理念引领下积极探索形成新发展格局的路径,实现数字技术与区域经济发展的深度融合。第三部分至第五部分从数字社会建设的角度,分别以数字法治、数字媒体创新和数字空间治理为主题,提出如何更好地运用数字创新加强长三角数字法治建设与区域协同,助力一体化的全媒体传播体系建立,赋能长三角一体化治理体系和治理能力现代化,加速长三角一体化进程。

目　录

一、数字经济循环

产业数字化与数字产业化进程,推动了数字技术对经济循环系统各环节的数字化赋能,**经济循环的生产、流通、分配、消费各环节,正在被数据要素市场、数字金融、数字供应链、数字贸易全面渗透融合改造。**数字信息在市场参与方之间加速汇集与流动,削弱传统市场信息不完全与不对称的供给、需求匹配效率约束,成本加成定价原则局部失灵弱化价格机制的市场资源配置功能,数据价值与平台兴起则重构传统市场竞争结构,引发以数据为核心的新型市场垄断治理问题,数字市场呈现对传统市场循环机制局部替代、全局赋能的数字化转型格局。

长三角地区经济循环全链条数字化变革走在国际前列。过去一年,中国人民银行数字货币研究所在长三角各地设立金融科技研究中心,形成以苏州、南京、上海等长三角城市群为基础的辐射式数字货币研究布局,苏州市落成启用长三角数字金融数据中心。2020年12月,"长三角产业链供应链大数据平台"项目建设正式启动,平台将建设"产业链供应链数字化国际展示平台"作为定位之一,致力降低产业链供应链运行成本。浙江则依据数字贸易优势,正积极打造与国际接轨、具有浙江特色的数字贸易发展机制、监管模式和营商环境。但是,数字经济基本机制并不完善——数据要素市场尚未建立,数据确权、定价、交易、监管等问题尚未破题,数字金融风险监管创新有待突破,数字贸易统计、数据跨国流动规则标准仍未建立。

面向未来,长三角区域应依托区位、政策及数字经济先行优势,把握全球数字经济格局重构关键时期,围合数字金融、数字化供应链、数字贸易、数字市场,推动经济循环运行体系的全链路数字化变革。简要而言,第一,要建设数据确权、定价、交易与创新试点,建设高能级数据交易平台,加强数据垄断、数字鸿沟治理,破解数据合法合规流通、构建有效数据市场的关键问题。第二,建设并确立国际数字金融中心地位,基于长三角金融科技研究布局开展长三角数字货币试验,加强建设数字金融基础设施体系,打造一流的数字支付、数字资产登记、结算、清算等数字金融基础设施,强化数字金融服务与数字资产服务开放力度,推动数字金融科技与数字金融监管创新。第三,推动从供给侧到消费端的全链路数字化转型,尤其是要加快核心数字技术研发创新为企业生产制造赋能,以工业互联网、物联网、智能制造驱动优化长三角产业链数字化布局,实现供给侧全领域高端生产,完善"长三角产业链供应链大数据平台",推动企业间订单、产能、渠道等资源协同配置与产业链协同升级,推动产业链供应链"线下"与"线上"全环节同步智能化转型,实现从企业到消费者的供需循环全链路高质量发展。第四,联动建设全球数字自由贸易枢纽港,充分联动三省一市各自贸试验区,同步开展数字贸易综合改革试验,构建数字贸易发展政策支撑体系,探索数字贸易统计制度体系,以数据跨境流动为切入点率先开展规则试点,以实践经验深度参与数字贸易国际标准与国际规则协商制定,完善数字贸易监管服务体系,打造国际一流营商环境。

(一)经济循环的全链路数字化变革

供给侧起点:数据要素化与数据资产意识觉醒、价值崛起。

数字经济纵深发展,使数据和信息成为战略性资源的价值迅速提升。"数据资产化"的概念受到企业、消费者等人群的广泛重视。从经济视角看,数据资产主要指企业、组织或居民拥有和控制,并能够带来未来经济收益的数据资源。在党的十九届四中全会报告中,我国首次公开提出"健全劳动、资本、土地、知识、技术、管理、数据等生产要素由市场评价贡献、按贡献决定报酬的机制"。这是我国首次在权威场合提出数据可作为生产要素按贡献参与分配,反映了随着经济活动数字化转型加快,数据对提高生产效率的乘数作用凸显,成为最具时代特征新生产要素的重要变化。

数据资产的内涵边界随着数据管理技术的变化不断拓展。在大数据发展阶段,随着云计算、分布式存储以及人工智能技术的迅速和丰富的应用,结构化数据之外的数据也被纳入数据资产的范畴,数据资产边界拓展到海量的标签库、企业级知识图谱、文档、图片、音频、视频等内容。比较来看,数据资产不完全符合会计准则中对"资产"及"无形资产"的定义,因此,数据资产目前尚未体现在企业的财务报表上。但对于数据资产的确认和计量,从会计角度的讨论其实只是一个起点。

影响数据资产价值的因素可从数据资产的收益和风险两个维度界定。数据资产的收益取决于数据资产的质量和数据资产的应用价值。数据资产的风险主要源自所在商业环境的法律限制和道德约束,其对数据资产的价值有着从量变到质变的影响,在数据资产估值中应予以充分考虑。从实际效果来看,对于数据交易的限制性规定越多,交易双方的合规成本和安全成本自然也会相应提升,虽然作为附带效果,数据合规和数据安全产业会因此得到发展空间,但可能从整体上对数据资产市场的发展造成重大影响,进而影响到数字经济的整体发展,应以发展和包容的理念去平衡考虑数据的价值创造与风险控制。

1. 数字金融创新

数字金融是通过数字技术赋能传统金融形成的创新产物,对微观企业技术创新与宏观金融高质量发展具有"重构性"的驱动作用。在传统金融服务体系中,企业技术创新投入成本的沉没性与传统金融以企业资产、盈利能力为核心的征信体系之间存在阶段性的错配。技术创新风险高、周期长、不可逆等特点吸纳了企业大量的金融资源投入,而处于初创期、成长期的企业缺乏获取融资所必需的可抵押品、担保能力或对未来盈利的预期能力,致使形式单一的金融供给无法迎合微观主体庞大的融资需求,这表现为长期存在的中小企业融资难、融资贵问题,制约了经济创新发展转型过程中微观企业主体的潜在驱动力。

数字金融创新对传统金融服务业态形成颠覆性影响。传统金融体系与金融服务发展之间存在结构性的失衡。传统金融业以间接融资为主的融资模式在金融资源供需匹配中存在高成本、低效率的先天劣势,金融机构的盈利准则使得金融资源在配置过程中受到行业发展周期与审慎评估体系风险控制要求的制约,导致各经济主体金融资源可得性偏差、直接融资市场供给不足、金融资源各领域间分配错位等现象。凭借大数据、云计算、区块链以及人工智能等数字技术,数字金融改善了传统金融中信息不对称、不完全而带来的高融资成本与高风险溢价的问题,从传统金融业务的数字化赋能与金融服务边界的拓展两方面重构金融生态体系。

第一,数字技术涌现优化了传统金融业务中成本与收益权衡机制。一方面,数字支付的出现提升了金融服务基础设施的建设水平,金融机构通过整合多种服务发挥数字平台的规模效应和平台效应,在扩大服务范围、改善用户体验的同时大幅降低服务提供与价值交付时的服务成本。另一方面,大数据技术的发展在信息获取、整合、分析多方面完善了社会征信体系。网络借贷、网络消费的兴起弥补了传统的基于商业银行和金融机构借贷业务的征信体系中长尾用户的征信缺失,以各类机构向长尾用户提供服务中积累的借贷、交易等信用信息扩充社会征信体系的数据维度与覆盖广度。征信体系的完善直接缓解中小微企业与个人信贷问题。不同于依赖抵押品、担保或流水证明的传统风控模式,数字金融凭借大数据技术采集电子化交易历史信息,完成用户信贷调查与信用评级、信贷审批以及放款审查等一系列线上信贷流程,以大数据分析改善风险识别、风险定价机制,大幅降低中小微企业融资成本,缓解融资难、融资贵问题。而在个人信贷领域,数字金融充分利用电子商务、数字支付以及个人社交数据等高频率、多维度的数据信息,结合机器学习等技术构建更加精准全面的用户画像,实现对用户身份、用户信用和借贷风险准确高效地识别与评估,显著提高金融机构风险识别和风险定价能力。

第二,数字金融创新拓宽了传统金融的商业范围与服务边界。一是互联网技术打破了金融服务空间边界。网上银行、网上贷款、网上基金等作为传统金融与互联网技术融合产生的新服务模式,淡化了金融服务提供的机构限制与地理边界,加速金融市场一体化进程与金融资源的跨区域优化配置。二是数字化引致的成本缩减拓展了金融供需资源边界。数字金融在大数据、区块链、人工智能等技术的应用下降低了投资者吸纳成本,将传统金融市场无法触达的规模大、个体资金量小的长尾投资群体聚集并将其转化为有效供给,大幅增加了金融市场用户基数与资源存量。三是金融机构数字化转型丰富了金融商业模式边界。金融服务需求日渐多样化倒逼商业银行与其他金融机构以商业合作或自建研发部门等方式寻求金融科技赋能,凭借数字化转型创新金融服务模式,为企业及个人提供多层次、多领域的融资渠道和融资方式,如消费金融、供应链金融等。

资产数字化为数字金融创新提供了新的发展方向。在资产数字化背景下,任何形式的资产都可转化为数字形式以激活潜在的可分割性与流动性,加之区块链等数字金融科技保证数字资产在流通中信息的全量原生,极大地提升了资产流通效率与真实性,使得资产无须借助传统金融中介等外在作用便能高度自主流动,由此实现传统的间接金融活动向自金融的结构性转变。在自金融中,处于资金供需两端的用户通过互联网平台聚合,自主掌控数字身份与数字资产,以点对点的直接投融资服务独立于原有的中介机构渠道。同时,场内场外边界的模糊促使原先无法参与金融交易的场外资产进入金融市场流通,进一步推动金融生态体系的完善与高质量发展。

2. 产业链供应链数字化创新

新冠肺炎疫情的爆发与蔓延为传统供应链结构带来剧烈冲击。一方面,全球市场需求紧缩与大面积停工停产为传统供应链安全性与稳定性带来挑战,传统供应链各环节高生产、流通、交易成本与疫情引致的订单违约、租金空耗、防疫措施额外成本要求企业有效统筹协调全流程环节成本控制;另一方面,应急物资需求激增与传统消费需求线上化为传统供应链的原料供应、仓储、物流、分销等多环节向快速灵活的数字化、智能化转型提供新机遇。

数字化供应链引致供应链形态与效率变革，即由"链式"结构向"网状"结构升级。供应链是以企业为核心，以客户需求为导向，整合上下游物流、资金流等资源，实现从产品研发设计、原材料采购、中间品及最终品生产、分销及售后服务全流程一体化的开放性组织形态。数字技术发展对供应链的赋能首先体现为供应链各环节从线下到线上的数字化映射，将传统供应链中供应商、分销商、企业、客户多主体间信息沟通与业务交付以数据形式整合管理，之后利用大数据、区块链、人工智能等技术完成数据分析计算，打通全链路各环节信息交流壁垒，实现传统"链式"结构向数字化供应链"网状"结构升级。数字化供应链的并行网状供应体系打破以往上下游企业互相制约、互为瓶颈的串联结构，以网状联结实现多终端信息直接共享，单个环节异常无须经其他中介便能及时反馈至链上所有终端，极大提升供应链信息处理效率，显著提高供应链响应与执行速度。大数据与人工智能技术的结合驱动供应体系更具智慧，利用人工智能对供应链各环节数据分析运算，优化企业决策，精准匹配供需，实现智能工厂、智能物流、智能供应多环节智能化渗透。供应链终端主体多元化使供应结构更加灵活，各环节企业可弹性进入或退出而不影响供应链网络动态协同，在灵活适应市场环境变化的同时大幅提高供应链体系抵御风险能力。

企业数字化改造是供应链数字化转型的基石。传统企业数字化转型分为两个阶段，首先是单一企业生产制造的可视化、智能化改造。通过全面的线下生产数据化映射,结合网络化、自动化与数字技术,实现研发设计、生产制造、管理调控全流程的智能化;以智能化物联持续跟踪监控生产设备关键性能指标,自动执行故障诊断、排除与维护;以智能化生产自主排产控产,协助企业产能实时智能调度;以智能化仓储统筹物料采购与库存管理,为企业运营降本提效。其次是产业上下游工序链内跨企业数字化协同。"链式"结构在工序链信号跨企业传递过程中存在传递延迟与信息损耗问题,而"网状"结构下,利用区块链技术可保证信息传递的及时性与完整性,消除位于同一区块链的所有企业端信息延迟,加速工序链中原料—中间品—加工—最终品各环节企业间信息交流与反馈,推动企业间数字化协同发展。

物流与资金流数字化赋能是供应链数字化转型的命脉。物流系统将供应链内生产运营各环节主体链接为一个整体,以智慧物流激活数字化供应链生态系统的高效协同运作。一方面,数字化物流平台凭借智能感知、数字处理与分析技术实现全量库存资源可视化,统筹市场供需智能匹配、供应网络行业布局、参与方整合协同,进行全局的战略规划、决策与监控;另一方面,智能化物流运营依托云化信息系统与算法,结合人工智能、自动化等技术,负责业务在各参与方之间智能调度与自主执行,带动整个供应链体系的高效运作与高度协同。供应链金融等金融新业态及数字金融创新发展保障供应链资金流的完整与运作效力,大幅提升供应链体系安全性、稳定性。

需求侧数字化应用为供应链数字化转型营造新的活力。以大数据技术结合智能算法模型收集并分析需求侧用户社交、消费、偏好等数据,监测各驱动因素对用户需求决策的贡献,理解并预测市场对产品与服务未来需求的演化趋势,实现感知需求到预测需求转型,促使供需循环链条兼顾短期柔性产销波动与长期全局产销平衡。

3.从企业到消费者:数字贸易创新

数字贸易是以数字网络为载体,通过大数据、云计算与人工智能等数字技术实现传统有形产品、数字化产品与服务线上交易的新型贸易活动。数字贸易虚拟化特征打破了传统贸易的时空属性限制,激发可贸易产品多样化与贸易主体多元化变革;扁平化、平台化交易结构大幅提高供需双方信息交流与价值交付效率,数字技术应用进一步推动供需精准匹配;智能化仓储、物流代替传统运输方式显著缩短贸易流程供需循环周期,推动贸易进入数字化发展新格局。

数字贸易导致市场交易与贸易成本结构变革。数字贸易的扁平化结构弱化了传统贸易中间商的中介作用,缩短市场交易中间环节,各参与主体信息以大数据形式汇集于贸易平台中,供需两端参与方可通过平台直接完成合同协商、订单签订、资金交付等交易环节,交易资金流动以数字支付形式进行,大幅降低贸易过程中信息搜寻成本与交易成本;智能化物流体系敏捷、高效完成产品分配与运输,有效削减传统贸易下高额的交通运输成本与冰山贸易成本;部分数字产品,如软件、唱片等,无须借助载体便能以数据化形式进行线上复制与传播,边际生产成本与流通成本趋向于零。

数字贸易成本结构变革驱动贸易比较优势重构。传统贸易中,劳动力、资本、技术、区位、制度环境等因素是贸易比较优势的主要来源。数字贸易的出现缩短了地理距离与制度距离,人工智能等数字技术对低技能水平劳动力的替代淡化了劳动力禀赋差异,知识密集型产品与无形资产数据化放大了数字技术水平差异在数字产品与服务生产、交易中的贸易成本差异,数据禀赋与数字技术水平成为数字贸易中比较优势新来源。各贸易主体数据收集、分析能力以及数字产品与服务生产中数字技术应用效率决定了数字密集型产业生产网络布局,而相关的数字基础设施、数字知识产权、数据监管与保护制度成为影响数字贸易比较优势的关键因素。

数字贸易驱使贸易产品多样性扩展创新。一是传统贸易产品数字化转型。数字技术、互联网与传统产业融合推动以往需借助实物载体线下贸易的产品直接以数据形式在线交易,如音乐、书籍、软件等。二是数字化产品与服务创新。数字技术不断发展带动相关数字产业以数据流形式流通的数字消费产品类别增加,如在线教育、网络游戏等。三是不可贸易产品的可贸易化。数字贸易对贸易

13

成本、交易成本的削减作用使传统贸易中因成本过高而无法参与贸易活动的不可贸易产品实现可贸易化转型。

数字贸易弱化信息不对称激励贸易主体竞争创新。首先,传统贸易模式下贸易供求双方受到时间、地理距离制约,信息传递不及时、不对称、碎片化,数字贸易的出现将供需两端数据汇集,实现供给端产品信息多维度透明化,需求端偏好、反馈、评价信息可追溯。其次,数字化供应链"网状"结构消除供给端企业间贸易环节信息不对称,以供应链生产追溯管理系统与实时跟踪技术,实现供应链内信息传递精准有效。贸易成本降低与信息高效流通降低了数字贸易门槛,使中小微企业、个人消费者等被传统贸易门槛隔绝于市场外的多元化贸易弱势群体通过直接对接、平台接入等方式参与到贸易过程中,面向全世界消费者提供多样化产品与服务。

数字贸易对信息传递的高度依赖性导致数据自由流动限制成为数字贸易的主要贸易壁垒。各国围绕数据隐私保护、知识产权的法律法规、文化习俗、制度环境存在较大差异,数据在跨国自由流动中受到网络审查、技术壁垒、数据本地化等非关税贸易壁垒阻碍,目的国市场准入限制、数据隐私和保护政策、知识产权保护政策严重制约了数字贸易发展,急需数字贸易国际规则的协调与引导。

(二)长三角供需循环的数字化创新动态

1. 长三角数字金融创新动态

区域数字金融呈现出高水平多方位的发展态势。《2020 全球金融科技中心城市报告》中，作为长三角区域数字金融双核的上海市、杭州市位列第 4 名与第 6 名，引领长三角区域一体化联动与金融科技产业协同创新。截至 2020 年 9 月底，中国人民银行数字货币研究所已在长三角各地设立金融科技研究中心，形成以苏州、南京、上海等长三角城市群为基础的辐射式数字货币研究布局；同年 10 月，在苏州市落成启用的长三角数字金融数据中心，未来作为国家法定数字货币的主运营中心，将承担数字人民币的生产、发行、运营等功能。浙江银保监局联合省发展和改革委员会、省大数据发展管理局共建的浙江省金融综合服务平台，为浙江省小微企业和银行提供"无接触"式服务，截至 2020 年 9 月，已有 159 家银行机构、7089 个网点入驻平台，累计发布 839 款信贷产品，累计业务量突破 4000 亿元。同时，浙江省小微企业园区致力实现小微企业金融服务的全链条化，截至 2020 年 9 月，共有 4.6 万家入园企业的贷款授信总额超过 1013 亿元，贷款余额

754.6亿元,为破解小微企业融资难题,尤其是为初创企业的"首贷"难题提供了支持。

数字金融颠覆了传统金融服务模式,同时也为金融业态健康发展带来了新问题。数字金融破除了中小微企业融资与个人信贷困境,但信用评价与投资收益的高度关联加大了金融资源错配风险,资本逐利性驱使投资人为寻求高利率而选择信用较低的高风险借款人,同时大规模长尾投资群体普遍的金融知识、风险识别能力匮乏强化了短期趋利与投资盲从,金融市场投资风险加剧;另外,准入门槛降低与准入规则缺失使部分规范性较差的数字金融企业进入市场,非法集资、金融诈骗时有发生。数字金融基础设施建设与金融科技创新仍处于初期,征信体系信用评估不透彻、金融产品开发不完善、服务提供模式单一等问题亟须数字技术的破解。数字金融跨行业、跨区域的服务模式提升了金融风险传导速度,扩大了传导范围,传统分业监管体系与数字金融混业经营业态间的矛盾要求监管体系向跨行业、跨区域、跨部门协同监管模式转型,降低系统性风险隐患,提升金融系统稳定性。

2. 长三角产业链供应链数字化行动:"上云、用数、赋智"

长三角区域致力全面推进数字化供应链建设。长三角城市经济协调会第二十次全体会议于2020年9月召开,决议依托长三角产业合作区、沪苏大丰产业联动集聚区、中新苏滁高新区等平台,推动长三角 41 城加强产业链供应链协同。同年 12 月，于上海市青浦区召开的首届中国供应链管理年会上宣布"长三角产业链供应链大数据平台"项目建设正式启动，平台依托长三角区位、政策及产业链优势，基于"产业链＋供应链＋大数据"创新组织运营模式，以服务产业链供应链经济实体为目标提升产业链供应链数字化水平；项目将建设"产业链供应链数字化国际展示平台"作为定位之一，致力提升长三角区域交易效率，降低产业链供应链运行成本。同时，江苏省在 2021 年深入实施"大数据＋优势产业链"行动，推进"5G＋工业互联网"融合发展，建设一批智能车间、智能制造示范工厂、工业互联网标杆工厂；上海市也聚焦于智能工厂、工业互联网建设，推动长三角供应链全链路数字化转型进程。

供应链各环节数字化发展不充分、不平衡是制约长三角区域供应链全链路转型的核心问题。一方面，数字化转型不充分使各环节运作受阻或效率低下，如供给端企业无法及时、准确承接用户多样化需求，产品生产、调度迟滞，订单状态无法实时跟踪；供应链各环节终端之间信息交流与反馈缓慢，上下游业务协同难以实现；需求端缺少大数据与算法技术支撑，需求感知与预测偏离市场演化趋势。另一方面，供应链转型存在"木桶效应"，任一环节数字化水平落后均会导致全链路运行不畅。各环节企业发展不平衡致使不同规模企业间存在信息、资源差异，直接表现为企业数字化程度的不平衡，进而导致数字资源的全链路低效与错配，同时链条薄弱环节更易受到恶意攻击,安全防御措施的不完善会加速负面冲击蔓延至整个链条,使供应链的安全与稳定受到威胁。

3. 长三角数字贸易进展

2020 年 5 月,上海虹桥商务区举办全球贸易港开港仪式并公布《虹桥商务区全力推进全球数字贸易港建设三年行动计划(2020—2022 年)》,为长三角数字贸易发展注入新活力。计划未来三年内设立长三角国际数字贸易促进中心,围绕打造联动全国、联通全球的数字贸易枢纽,搭建数字贸易成长中心、进博会溢出效应转化中心和长三角数字贸易促进中心的"一枢纽三中心"发展格局,构建数字贸易产业生态圈。浙江省也随即在 11 月印发《浙江省数字贸易先行示范区建设方案》,计划于杭州市各区建设数字贸易先行示范区核心区、数字云区与特色集聚区,并立足全省高能级平台推动数字贸易集群建设工程,形成"三区一工程"的数字贸易新发展格局,打造与国际接轨、具有浙江特色的数字贸易发展机制、监管模式和营商环境,实现数字贸易更高水平的自由化、便利化。

目前长三角区域数字贸易发展尚处于起步阶段,面临着来自多方面的挑战。数据禀赋与数字技术水平差异导致不同行业、不同规模企业数字贸易发展结构失衡,贸易产品质量参差不齐,贸易门槛的降低使部分技术、设备弱势企业进入市场,进一步加大市场监管难度,伪劣、侵权产品屡见不鲜。数字贸易统计制度缺失使政策体系建设缺乏数据支撑,急需形成一套统一完整,集行业分类、指标界定、数据统计与报告于一体的数字贸易统计制度体系。数据跨境自由流动与隐私安全保护之间的矛盾使数字贸易规则制定存在严重分歧,过度强调信息保护会提高企业数据获取与使用成本,使数字贸易发展阻滞;而不加限制的数据自由流动会危害国家安全,增加个人隐私信息泄露风险,甚至引发国际冲突,如何协调数据自由流动与隐私安全保护,在各地区政策法规、贸易壁垒间寻求数字贸易规则的平衡成为长三角区域数字贸易加速发展中亟待突破的难题。

(三)依托长三角建设数字驱动的大循环试验区

1. 建设数据确权、定价、交易与创新试点

加强数据确权研究和创新试点,是破解数据合法合规流通、构建有效数据市场的关键。目前全国各地都在推进此项工作,但确权、定价、监管等问题尚未破题。长三角区域可率先在数据确权、数据市场交易及相应体制机制创新方面做出突破。

加快长三角区域数字确权试点。产权清晰是价格机制市场调节作用的基础,借助区块链技术建立数字溯源系统明确数据主权,有关数据的防篡改、溯源、加密、权属等问题将迎刃而解,必将加快

数据所有权和使用权的分离,确保数据所有者、使用者共享数字红利。建设数据价值挖掘和分享平台,为用户建立个人数据资产账户,对数据的创造者(数据源)进行数据权属确认,保障数据源的数据资产权益并帮助其管理运营数据资产,建立并完善数据资产价值评估模型与参数,促进数据资产价值的实现与分享。

设计合理的数据要素市场体制机制,为数据供求双方建立公平交易的平台和规则。 促进数据要素市场与其他传统要素市场规则激励相容,从而促使不同要素为生产力协同发力。首先,数据市场平台应该具有如下功能:一是有效的查询系统;二是动态交易系统。三是隐私保护和安全审查功能。其次,由于数据定价、数据交易和数据保护是三个相互影响的闭环,因此,也应充分考虑数据交易过程中数据所有者和消费者对市场交易平台的信任问题。最后,采用中介化的数据交易方式转换不同用户的数据,从而最小化其他用户的信息泄露风险是一种提高数据要素市场效率的方式。因此,应当构建受信任的第三方交易平台,以便为异质性用户提供可靠服务。

加强数据垄断行为治理。 杜绝数字平台或企业数字来源排他独占,在部分垄断势力较强的领域试点建立公共基础数据库,为初创企业开展市场活动提供初期数据支持,引导数据要素竞争转向数据分析、传输技术竞争,保障不同市场主体平等获取生产要素,推动数据要素配置依据市场规则、市场价格、市场竞争实现效益最大化和效率最优化。长三角区域要着眼于数字市场治理与监管,维护数字市场机制资源配置全局有效性。保障信息触达与运用公平,缩小数字鸿沟。加大信息化服务基础设施与基础公共服务建设,提供信息贫困者信息化工具应用能力培训。

2. 建设并确立国际数字金融中心地位

数字货币是数字金融智能化转型与创新发展的核心要素,长三角区域应基于长三角金融科技研究布局开展长三角数字货币试验。从概念认知普及、应用场景拓展、流通机制优化、运行风险防控等方面先行先试,探索建设面向国际数字金融市场的数字人民币管理与配置中心。继续扩大长三角数字金融对内对外开放,强化数字金融服务与数字资产服务开放力度拓展国内外金融市场,吸引超大型跨国金融机构在长三角区域集聚,推动数字金融资源在全球范围内优化配置,提升长三角区域的国际数字金融中心地位。

为实现数字金融更好地服务实体经济,全方位、多维度推动长三角数字金融生态体系高质量发展。完善并优化长三角金融体系结构。一是要加强建设数字金融基础设施体系,打造一流的数字支付,数字资产登记,结算、清算等数字金融基础设施。二是要加速建成金融机构体系与数字金融科技体系,加快数字金融机构与平台建设,推动数字金融科技研发创新,充分发挥数字技术对传统金融的赋能作用,推进传统金融机构的数字化转型。三是要打造多层次数字金融市场体系,推动供给端金融机构以满足尾部用户数字金融需求为导向培育多样化数字金融产品与服务模式,提升数字金融市场服务效率与金融资源配置效率,积极开发绿色数字金融、数字普惠金融等数字金融新业态完善数字金融生态体系构建。

结合"监管沙盒"机制推动数字金融约束和监管创新。数字金融中金融风险的隐蔽性、传染性特征仍然存在,为不同领域金融科技试验划定风险规模可控的"安全空间",实施激励相容的监管政策,在守住风险底线的同时给足试错空间,有效控制金融科技发展走向,激发金融产品、服务、商业模式创新活力,以核心数字技术高水平创新驱动长三角区域数字金融高质量发展。

3. 推动从供给侧到消费端的全链路数字化转型

长三角区域应紧抓供需循环关键节点,推进供应链全链路跨区域生态体系构建。一是加快核心数字技术研发创新为企业生产制造赋能,以工业互联网、物联网、智能制造驱动优化长三角产业链数字化布局,实现供给侧全领域高端生产。二是加快建设"长三角产业链供应链大数据平台",发挥长三角资源枢纽与数字经济先行优势,鼓励互联网企业与行业龙头搭建网络化协同平台,推动企业间订单、产能、渠道等资源协同配置与产业链协同升级,同时完善智慧物流数字化平台与智能化运营系统建设,优化长三角区域内部仓储节点及物流路线布局,实现长三角数据、信息、资源、产品全方位高效流通。三是聚焦需求端消费模式创新升级,充分利用各终端需求大数据促进全链路供需调配与精准对接,提升供应链需求预测与计划能力,实现需求侧多样化、个性化高速响应。四是加强长三角数字化供应链全局优化协同,从供需循环短期局部性改善转向长期全流程变革,产业链供应链"线下"与"线上"全环节同步智能化转型,供需循环内部体系与外部环境多维协同创新,实现从企业到消费者的供需循环全链路高质量发展。

4.联动建设全球数字自由贸易枢纽港

长三角区域要充分联动三省一市各自贸试验区,同步开展数字贸易综合改革试验,推动长三角数字贸易整体升级与协同发展。首先,加快完善数字贸易基础设施产业布局,推动数字金融科技、数字化产业链供应链支撑数字贸易发展,形成产业创新、金融深化与贸易升级三者数字化协同发展新格局。

其次,推进长三角区域数字贸易政策改革试点,在实践中构建数字贸易政策与制度体系。一是建立数字贸易发展政策支撑体系,如围绕"政银保企+平台"模式建立产业融资服务风险补偿分担机制,为数字贸易创新提供金融支持;遴选一批数字贸易重点发展行业,指导行业新产品、新模式的前瞻式研究先行先试。二是探索数字贸易统计制度体系,重构现有产品与服务分类规则,探索数字贸易产品统计新方法,定期对长三角数字贸易各产业相关数据统计分析并形成规范化、系统化的监测报告。三是完善数字贸易监管服务体系,积极运用大数据、人工智能等数字技术创新政府监管手段,构建多层级监管体系,建立平台间守信激励与失信联合惩戒机制,以全局视野、系统思维提升优化数字贸易治理能力,打造国际一流营商环境。

充分发挥数字经济发展先行优势,抢占全球数字贸易规则与标准供给先机。充分利用长三角数字贸易应用场景规模优势,以数据跨境流动为切入点率先开展规则试点,以实践经验深度参与数字贸易国际标准与国际规则协商制定,推动多边数字贸易治理体系建设与完善,实现长三角数字贸易国际地位跨越式提升。

二、产业数字创新

在新发展理念引领下,长三角要建成全球科技创新高地,充分激活产业数据要素潜能,通过数字产业化和产业数字化两条路径,实现数字技术与实体经济深度融合是关键。以产业数字创新融通长三角创新资源,赋能产业创新大平台,催生人工智能、集成电路、高端装备、生物医药、新能源、智能交通等领域的新突破,是构建长三角产业竞争新优势的必由之路。

但是,长三角产业数字创新仍存在众多问题。

第一,长三角区域内数据孤岛、数据暗点众多,导致产业内各地区之间严重割裂与同质竞争。长三角部分零售、制造和医疗等领域的领头企业开始逐步数字化转型,作为产业生态系统中的核心节点,这些领头企业点亮了部分数据孤岛。一方面这些数据孤岛之间缺乏连接,另一方面大量产业内的其他企业未实现数字化转型,存在许多"数据暗点",为真正融通创新资源,实现长三角一体化发展带来障碍。

第二,长三角区域内产业数字创新平台严重不足,导致产业内数据资源价值的激活受阻,更遑论赋能产业科技创新。2021年3月,浙江省制定《浙江省数字经济系统建设方案》,提出"产业大脑+未来工厂"的设想,期望以工业领域为突破口,以产业大脑为支撑,以数据供应链为纽带,推动创新链、产业链、供应链融合应用。这一思路反过来凸显在长三角区域内,尽管部分地区开始进行有益尝试,但突破企业边界、区域边界的"制度篱笆"仍然是长三角区域内数据资源赋能产业科技创新的关键障碍。

第三,长三角区域内数字创新基础设施亟待整合共建共享,区域内企业数字化转型和产业数字创新的支撑平台存在缺失。数字创新基础设施是一个"技术—制度"系统,然而现有长三角区域内数字基础设施多关注 5G 基站、IPv6 等设施建设,这导致两个问题:一是各省(市)并未完善如何利用产业数据、确定人工智能的标准与制度等相关法律法规,更遑论区域内规则统一的制度体系建设;二是融通数字技术和产业发展,具备领导产业数字创新的高级工程师和管理人才缺失。

真正推进长三角产业数字创新,需要构建以企业为创新主体、以产业创新平台为载体,数字创新基础设施为支撑的区域数字创新生态系统。首先,激发企业创新活力,支撑企业平台创新。积极发挥龙头企业创新引领作用,搭建以企业为主体,开放的智能数字平台,赋能各区域的中小企业数字化转型。其次,加速创新数据要素流动,赋能产业科技创新。搭建区域产业创新平台,保障数字创新要素在企业间、产业间、区域间畅流,激活数据要素的赋能功能。最后,突破数字创新基础设施建设,支撑数字产业创新迸发。从技术突破、制度供给、人才供给等角度全面建设长三角数字基础设施,支撑长三角数字产业创新,为长三角建成全球科技创新高地保驾护航。

（一）推动企业平台创新，激发创新主体活力

从"点状突破"到"链式创新"是长三角产业数字创新的出发点：在集成电路、生物医药、人工智能、新材料、新能源、高端装备制造等长三角优势产业出发，推动一批龙头企业率先开展数字化转型，并积极搭建智能数字平台，链接更多的中小企业，助推其数字化转型和创新发展。企业数字平台以其独特的技术体系和治理机制在赋能中小企业转型的同时，支撑创新要素在不同行业间、不同区域间流动和融合，打破了产业链、价值链、创新链的数据孤岛，为长三角产业的数字化转型按下快进键。

推动行业龙头企业和互联网科技企业搭建开放的数字平台，以数据为要素，以价值为中心，以共建共享共生为理念，以"融合＋创新"为发展思路，为长三角中小企业数字化转型提供有效实施路径，成为其"上云、用数、赋智"的核心支撑，激发企业开展数据合作、共享创新的积极性，持续为长三角一体化发展提供动力。

1."点状突破"：建设一批企业数字化创新平台

第一，遴选一批国有领军企业，打造数字化平台转型示范。充分发挥国有企业主力军优势，围绕电子信息、生物医药、航空航天、

高端装备、新材料、节能环保、汽车、绿色化工、纺织服装、智能家电等长三角十大优势产业,在浙江、上海、江苏、安徽遴选一批领军型国有企业,如上汽集团、宝武钢铁、物产中大、江苏沙钢、中建八局等,加速推进产品创新数字化、生产运营智能化、用户服务敏捷化和产业体系生态化,打造数字平台化转型示范。具体而言,一是扎实推进长三角领军国企创新要素数字化。大数据、云计算、区块链等数字技术正在改变人流、物流、知识流、资金流和信息流,通过长三角领军国企内创新要素的数字化,逐步推进国企系统内创新要素流动方向和流动速度的变革。二是稳步推进长三角领军国有企业创新过程智能化。人机交互和深度学习正在改变创新过程,长三角领军国有企业的数字平台可以为不同企业之间的创意交互、流程重构、商业共创提供全新空间。三是积极构建长三角国有领军企业网络化创新组织。依靠虚拟现实技术,虚拟信息空间大量涌现,企业创新不再受线下物理空间的限制,以自生长的网状结构不断扩张,实现了迭代式的衍生创新。长三角国有领军企业构建和拓展网络化创新组织将有利于带动一大批企业不断推进数字化转型。

第二,支持一批领军型民营企业,打造企业平台为核心的创新生态系统。充分激活民营企业的创新活力,支持和推动汽车、绿色化工、纺织服装、新材料、节能环保等领域内民营领军企业构建以企业为核心的创新生态系统。一是鼓励和推动领军型民营企业发展智能化制造。切实制定和落实鼓励领军民营企业加大大数据、人工智能等数字化技术的研发和应用的相关政策,全面提升长三角领军民营企业研发设计、工艺方正、生产制造等智能化水平。二是大力加强以领军型民营企业为核心的工业互联网平台建设。激活领军民营企业的创新动力,支持领军民营企业联合其创新生态中的供应商、消费者、互补者等所有参与者建立以领军型民营企业为核心的工业互联网平台,推动前沿技术与工业机理模型融合创新,支撑构建数据驱动、软件定义、平台支撑、服务增值、智能主导的新型制造体系。

第三,鼓励一批领军型互联网科技企业,构建创新型平台生态系统。鼓励阿里巴巴、拼多多、网易等互联网科技企业向底层(数字技术)和后端(供应链端)延伸,从交易型平台生态系统向创新型平台生态系统转型。交易型平台企业为核心的生态系统整合起数千万家互补企业和上亿个消费端客户,其核心平台的创新型转型将带动一大批参与者数字化创新。

一是引导互联网科技企业进行平台创新,打造创新型平台。数字平台就像是创新引擎,为平台参与者提供核心技术架构,确保在此架构之上创造新的产品、扩展平台的核心功能并延伸到终端用户,为用户提供更具有价值的产品和服务。通过深耕大数据、云计算、人工智能等技术,领军型互联网科技企业可以赋能外部生产者、消费者、互补企业等参与者,为其提供一系列数字资源组合,从而拓展平台的核心功能以及催生大量潜在的互补创新。

二是鼓励互联网科技企业运用数字治理机制来促进创新要素市场发展。平台系统中参与者之间的协同创新需要建立在技术要素、人才要素、数据要素、资金要素等流动和配置的基础上，平台企业依托数字治理，为技术要素流动提供巨大的市场空间，为人才要素流动提供低成本的需求信息，为资金要素流动提供相对较低的成本，突破了长三角各区域的制度藩篱，为产业数字创新提供了可能。

三是鼓励互联网科技企业运用数字治理机制代理各类政府职能。长三角可以设计相应制度把政府的治理权部分让渡给平台领导者，既可以提高治理效能，还可以打破行政壁垒，新型组织越来越成为市场主体、政府代理、社会治理的混合体，经济体内部的创新要素可以突破区域行政壁垒，按照市场规则实现有序、高效的流动，成为天然的协同创新体。

2."链式创新"：企业数字化平台创新赋能互补者

通过长三角领军型国有企业、民营企业和互联网科技企业的数字化平台建设，打通了长三角区域产业数字创新的枢纽环节。然而，长三角区域还有大批门类齐全，基础雄厚，但是自主创新能力不足、技术含量低，企业发展不均衡，产品附加值低，产业链价值链不完善的中小企业。领军企业数字化平台创新是长三角产业要素的连接器，是中小企业数字化转型"上云、用数、赋智"的核心支撑，为长三角中小企业数字化转型成本高、产业链数据资源获取难度大、研发能力弱等难题提供了有效的解决方案。

第一,鼓励行业龙头企业搭建产业数字化升级服务平台。鼓励吉利汽车、上汽大众、江淮汽车、正泰等长三角行业龙头企业以打造创新协同、产能共享、供应链互通的链主型、平台型、生态型企业为目标,逐步推进企业级工业互联网平台建设。围绕企业上下游产业链生态圈,开放龙头企业资源和能力,逐步带动中小企业融入平台,满足企业数字化、网络化、智能化升级需求,打造优势互补、能力适配、互利共赢的企业共同体,构建大中小企业融通发展生态系统。模块化系统架构使得行业龙头企业搭建的产业升级服务平台能兼顾企业产品创新、流程创新以及运营模式等多模块的创新,同时鼓励平台内不同参与者积极利用不同模块开发互补性产品,提高网络外部性以及知识溢出。这种独特的模块化架构使得长三角地区不同区域、不同行业的企业打破了区域的壁垒和组织的边界,以模块间协同的形式实现价值共创、协同创新,进而推动长三角区域创新一体化的进程。在推动中小企业创新发展的同时,打破和消除不同行业间、不同区域间的数据孤岛和数据暗点,为真正融通创新资源,实现长三角一体化发展扫清障碍。

第二,鼓励和引导长三角地区互联网科技企业创新联动,打造数字技术供给平台。长三角域内阿里巴巴、拼多多、网易等互联网科技企业集聚大量产业数据、模型算法、研发设计等数字资源及创新能力,积极促使其打造"科技超市"助力企业创新发展。通过不断引导互联网科技企业加大数字技术基础研究的投入,推动其提供开发平台、算法模型、微服务组件、开发工具以及工业 APP 的共享、交易、分发等服务,推进建设开源社区、开放技术平台建设,使加入平台的中小企业通过云接入和云处理等技术手段利用平台中的数字资源与数字能力,优化和重构企业业务流程、生产过程、供应链管理、资源管理等环节,促使平台内不同类型的企业进行需求、数字资源以及创新能力的对接。

第三,鼓励建立特定环节的工业互联网平台,打造高质量长三角科技创新服务体系。针对能源管理、研发设计、供应链管理、品质管控、知识产权服务、危化品监管、动植物检验检疫认证、创业孵化、科技咨询等特定环节或特定场景,建立一批以科技服务为目的,以轻量化方式提供跨行业、跨地域特定场景数字化转型应用的工业互联网平台,深入针对特定需求赋能长三角中小企业数字化转型,整体提升长三角区域科技创新服务体系。

(二)搭建产业创新平台,加速创新要素流动

以"看不见的手"为指引,企业创新平台建设在"点状突破"和"链式创新"方面极具优势,有利于激发企业主体的创新活力,但企业平台间、产业间和区域间的"藩篱"仍然存在,急需"看得见的手"统筹优化,加速创新要素在长三角区域内的流动。然而,长三角区

域内跨省市的产业数字创新平台严重缺乏,导致产业内数据资源价值的激活受阻,难以赋能产业数字创新。为此,三省一市应积极搭建区域产业创新平台,保障数字创新要素在企业间、产业间、区域间有序流动,激活数据要素的赋能功能。以产业数字化转型推进一体化整合,以数字产业化融合带动高质量发展,提供产业链供应链稳定性和竞争力,引领区域内产业结构的高端化、现代化升级,在全球价值链的阶梯上持续向中高端攀升。

1.加快数字技术本身的持续创新,构建数字产业集群

数字产业本身是由以物联网、移动互联、人工智能、区块链等全新数字技术创新(包括单元技术创新和技术组合创新)驱动而形成的。**实现产业数字创新必须前瞻数字技术的持续供给,因此探索出"政府引导、联合共建、市场化运作"的科技创新模式,推动长三角数字产业集群的发展,将为区域内产业数字创新提供源源不断的动力。**一是着力打造 G60 科创走廊数字产业集群示范区。在 G60 科创走廊区域内划出一整块区域作为数字产业创新试验区,其核心任务是供给数字技术,让数字产业享受自由贸易区的全部政策;通过税收减免、科创板上市倾斜等政策,把示范区建设成为数字技术辐射源。二是三省一市互设数字科创飞地。域内三省一市共建一批数字科创飞地,打造开放性、交互性合作平台。在上海、杭州、南京和合肥,根据各地优势划出足量的土地空间,专门提供给其他三地

设立数字科创飞地,飞地内设立差异化的数字技术孵化器、加速器,按照市场化机制,三省一市依托各自的特色优势产业,设立多点协同的数字科技城,注重前沿性、基础性、关键共性技术开发和储备。三是三省一市共设科创母基金。域内三省一市共设科创母基金,联合域内知名研发机构、数字企业、高校等合作成立孵化器,建立集聚全国乃至全球数字科教资源集成和转化平台,成为长三角数字技术供给源。

2. 建立长三角产业共性技术研究平台,提供技术供给

由长三角各地区政府联合牵头建设三省一市产业共性技术研究平台,以云计算和大数据、新能源汽车与现代交通装备、生命医药、新材料等有一定基础和突出优势的产业为基础,联合三省一市知名高校、科研机构、产业内龙头企业,引导对应产业集聚整合创新资源,重点围绕产业发展重大共性需求和关键技术,以产业前瞻技术开发及成果转化为主要使命,发挥"产业×科技"的乘数效应。

第一,搭建区域共享共用的产业互联网平台,打造完善的工业数据共享生态。引导和鼓励长三角重点行业的龙头企业与政府、高校共建共用产业链级的工业互联网平台,面向长三角重点产业链,推动产业链资源精准对接、要素优化配置、运转高效协同,提升产业链数字化、网络化、智能化水平,增强产业链的柔性、韧性和黏性。逐步加快建设以跨行业、跨领域、跨区域平台为主体的区域级工业

互联网平台体系,提供区域资源协同、区域设备规模接入、共性机理模型与微服务开发等服务。激发各主体开展工业数据合作共享的积极性,构建以数据为纽带的产学研协同创新体系,打造完善的工业数据共享生态,从而在实现工业数据跨行业、跨区域流通的同时催生全新的商业模式和产业形态。

第二,鼓励研究型大学与域内龙头企业形成基础研究的协同战略体系。聚焦国家目标和战略需求,在有望引领未来发展的科技战略制高点、关键行业领域和重点企业,统筹部署建设一批体量更大、交叉融合、立足基础的国家重点实验室和区域性集成攻关大平台。依托长三角"双一流"高校建设的(国家)重点实验室和实施的重大项目必须要求区域内行业企业的深度参与,鼓励龙头企业围绕产业规划、技术前沿和政策导向,投入资金、人才、设备,以企业为主或参与建设。建立集成攻关大平台稳定支持机制,强化任务带动及平台依托,优化配置关键性资源,激发企业协同高校参与基础研究的创新活力,形成长三角域内协同创新新格局。

第三,瞄准世界科技前沿,逐步共建自主创新大平台。充分发挥长三角创新资源的集聚优势,合力打造长三角科技创新共同体,形成具有全国影响力的"科技+创新"的研发高地。联合域内优质创新资源,大力加强上海张江、安徽合肥等地综合性国家科学中心建设,推动重大科研基础设施、大型科研仪器、科技文献、科学数据等科技资源合理流动与开放共享,集中突破一批"卡脖子"核心关键技术,联手营造有利于提升自主创新能力的创新生态,打造域内原始创新策源地。

(三)整合数字基础设施,全面支撑产业创新

以企业为创新主体、以产业创新平台为载体的长三角产业数字创新需要互联互通、分工合作、管理协同的数字创新基础设施为支撑。数字创新基础设施是社会系统和技术系统的相互作用和相互交织,不能割裂来看。大数据中心、人工智能、5G 网络等是"技术系统"维,基于数字化、智能化和网络化连接"物"和"人"等主体。数字创新基础设施更强调"社会系统",包含企业、政府、非政府组织等数字社区相关组织和治理,这是因为数字基础设施催生了一个与物理世界"孪生"的"数字世界",这个世界中的制度建设以及和物理世界之间的相互作用是需要重点考虑的内容。基于此,创新数字基础设施建设,全面支撑长三角产业数字创新需要关注技术系统和社会系统两个方面。

1. 多方参与全面推进长三角数字创新基础设施建设

第一,总体谋划,逐步建立和健全数字治理组织与制度体系。一是建立统一的长三角数字基础设施管理机构和地方及行业数字

基础设施管理机构,逐步搭建数字治理的组织架构。二是引导长三角政产学研合作建立数字社区相关组织,形成数字基础设施建设的非政府组织和行业自治系统。三是建立和健全数字基础设施治理的制度体系,完善数据采集、数据分析、数据使用等过程中的相关制度,完善"数字孪生世界"的制度体系。

第二,系统布局,引导多方社会力量参与数字创新基础设施建设。一是建立相关政策体系,系统规划长三角数字创新基础设施建设方向、路径和实施步骤,同时谋划数字创新基础设施的区域布局,顺势考虑长三角区域平衡发展。二是引导大型国有企业和部分民营企业参与设备层和网络层的建设,引导所有企业参与服务层和内容层的建设,布局高校和科研机构的大科学装置建设。

第三,重点突破,以大型关键数字基础设施建设撬动全局。一是通过系统规划,重点推动 5G 基站、基于 IPv6 的下一代互联网、全域感知物联网的长三角系统布局和建设进程。二是积极打造长三角时空智能服务于网络,推动建设时空智能服务平台,加强北斗导航、遥感遥测、人工智能、物联网、大数据等技术交叉融合,实现"互联网＋航天航空＋无线通信"融合创新,打造空天地一体化信息网络。三是布局建设全球领先的算力及新技术基础设施。系统布局常规三角协同的超大型数据中心,建设覆盖长三角的云计算服务平台,打造全球领先的人工智能服务平台。

2.强化长三角产业数字创新的制度支撑和政策供给

第一，共建长三角数字产业大脑，打造数字智慧长三角的中枢。长三角数字产业大脑包括数据大脑、产业互联网大脑、物联网大脑、智能制造大脑、研发中心大脑等。依托"长三角数字产业大脑"，建设好全球数据资源和数字技术公共服务品牌和示范基地，全面支撑长三角产业数字创新。比如，先期可以推进一体化智能交通管理，深化重要客货运输领域协同监管、信息交换共享、大数据分析等管理合作，全面打通产业物流基础设施，支持产业数字创新发展；进一步依托长三角产业创新平台，稳步推进产业互联网大脑、物联网大脑、智能制造大脑的建设，在此基础上全面推进研发中心大脑和数据大脑的建设，建成长三角数字产业大脑，真正全面推进长三角产业数字创新。

第二，协同出台构建长三角创新共同体的政策体系。一是建立部委牵头、三省一市产业数字创新主管部门参与的产业数字创新协同工作机制，定期召开工作联席会议，加强长三角创新共同体高层决策协调，全面落实长三角创新共同体政策体系设计，及时解决跨区域重大问题。二是逐步建立长三角数据治理的体系结构。具体包括逐步就长三角数据资源化边界和侧重点、产业发展战略进行协调，形成数据治理组织管理体系和数据资源共同市场，推进长三角协同治理战略框架布局。三是逐步建立长三角知识产权联合保护机制,创新收益共享机制。四是稳步推进创新要素市场一体化建设,通过共建统一开放的高层次人力资源市场,统一的资本流动市场、产权交易市场等,促进创新要素的跨区域流动。

第三,建立和完善长三角一体化多层次多领域合作机制。一是推广浙江"最多跑一次"经验,共同推进长三角数字政府建设,构建跨区域政务服务网,强化公共数据交换共享。二是建立健全国有企业和民营企业跨区域联动的政策体系,保障国资运营平台跨区域合作、民营企业跨区域并购重组和参与重大数字基础设施建设。三是建立健全高校、行业组织、商会、产学研联盟等开展多领域跨区域合作的政策保障体系。

3. 创新机制全域联动集聚全球产业数字创新高端人才

第一,创新机制,加快数字创新基础研究人才集聚长三角。一是依托产业龙头企业(如阿里巴巴、张江高科等)、世界知名高校(如浙江大学、复旦大学、上海交通大学、南京大学、中国科学技术大学等),汇聚集成电路、智能制造、新能源汽车、生物医药、航空航天、高端装备、新材料、节能环保等数字技术及应用关键领域的高端科学家队伍,探索企业和高校共建人才培养基地,汇聚全球高端数字创新人才,加快培育数字创新青年人才。二是聚焦学科前沿和战略需求,组建长三角国家重点实验室联盟,不同实验室之间人才互聘、成果互认、联合攻关,切实打破高层次人才在长三角流动的制度藩篱。

三是探索设立华东五校联盟（浙江大学、复旦大学、上海交通大学、南京大学、中国科学技术大学）科研团队特区制度，由世界一流水平的首席科学院组建科研团队，培育和打造 10 个左右真正具有世界一流水平的数字技术基础研究团队，打造长三角数字经济基础研究人才的高地。

第二，联动"政府—高校—企业"三主体，全面建设"数字＋"人才的培育体系。联动长三角各地区政府、知名企业和双一流高校，从全价值链的角度出发，全面建设数字技术及"数字＋"人才培育体系。一是政府主导协调长三角高校联动建立数字技术相关人才培育的学科体系。二是企业主导联动高校推出"数字＋制造""数字＋研发""数字＋营销""数字＋供应链"等实践需求导向的人才培养项目。三是联动政府、企业和高校，强化长三角全民数字教育，普遍提升全民数字素养。

三、数字法治

　　数字法治,是法治中国建设进程中的一个新名词。根据 2021 年浙江省数字化改革大会的最新诠释,数字法治将系统性重塑"科学立法、严格执法、公正司法、全民守法"等社会主义法治全过程。作为这一领域探索的研究产物,本章结合长三角地区的已有实践,选取了数字法治的几个重要方面加以阐释。本章共分为四个部分,第一部分以促进数字资产的有序流通为重点,探讨通过立法引领数字化改革和权利保障;第二部分深入剖析了以严格执法为目标,数字行政如何重塑行政法的效能原则;第三部分聚焦于以司法公正为导向,法院如何利用数字赋能和组织创新,在智慧法院和互联网法院等建设中有所作为;第四部分则旨在提炼长三角地区的执法司法协同,有效治理数字违法犯罪相关实践经验。

(一)以科学立法为引领,数字利用和权利保障有序推进

　　数字法治,首先以科学立法为抓手,有序推进数字作为资源的充分利用,逐步建立促进数字资产流通利用和权利保障的法律规范体系。数字立法建构中,既有全国层面的统一规划,亦有以浙江省为代表的长三角地区探索。

　　2020 年 3 月 30 日,《中共中央、国务院关于构建更加完善的要素市场化配置体制机制的意见》正式通过,其中突出了"数据"这一

新型的生产要素,与土地、劳动力、资本、技术等一同被列为重要的生产要素。成为生产要素的一部分有利于促进数据作为资产的流通,《个人数据保护法》等即将出台的数字立法,还将进一步规定数字资产的利用方式和数字权利等具体内容。数字资产如果没有得到法律明确的产权保护,将会被各类使用者无偿使用,初始创造者无法获得资产出让的价值收益,也无法将其产业化和商品化。

2020 年 10 月 27 日,杭州市第十三届人民代表大会常务委员会第三十次会议通过《杭州城市大脑赋能城市治理促进条例》,这是我国第一部数智城市的地方立法。条例的出台意味着"一脑治全城"的数智治理体系初步成型,"城市大脑"赋能城市治理、提升幸福感,自此有了坚实的法治保障。为解决"数字难民""数字鸿沟"等数字时代的新问题,条例规定,要确保决策和公共服务资源配置透明可释、公平合理,并完善线下服务和救济渠道,保障公民选择服务方式包括传统服务方式的权利。这为保护城市中的各类数字弱势群体、数字弱能群体的权益提供了法律保障。这也有助于"城市大脑"树牢服务人民的初心,遵循"善治"的面向,牢牢把住方向,避免偏离幸福的航道。

2020 年 12 月 24 日,浙江省第十三届人民代表大会常务委员会第二十六次会议通过《浙江省数字经济促进条例》,这是全国第一部以促进数字经济发展为主题的地方性法规。该部地方性法规旨在服务再创浙江数字经济发展新优势、推动数字经济成为"重要窗口"重大标志性成果的现实需要,也是将长三角区域相关实践经验上升为法律制度的客观要求。对数字化改革的具体引领作用体现为:一是明确了数字经济的定义;二是规定了数字基础设施规划和建设的有关要求;三是规定了促进数据资源开放共享的相关举措;四是规定了推动数字产业化发展的具体措施;五是规定了促进产业数字化转型的具体措施;六是规定了提升治理数字化水平的具体措施;七是规定了激励和保障数字经济发展的综合性措施。

数字利用的重要特征是平台化,平台化的核心在于数据与算法。借助数据与算法,平台可以实现强大的市场预测,同时打破传统市场的边界,实现跨界经营,提供商品销售、信息、搜索、定价、协调、社交、金融等综合性服务。因此,平台经济中的竞争格局和状态发生了实质性改变:一时一地一领域的盈亏不再成为平台经营者考虑的核心因素,在算总账的基础上实施交叉补贴变成常规策略;特别是,如果某个领域可以获得关键数据,那么即便亏损运营也是可以接受的。在涉及数据要素的使用时,平台化还潜藏着不容忽视的数据安全与风险。平台的核心竞争力来自对数据要素的深度搜集、加工和利用。为了强化竞争力,首先必须获得数据。为了获得有效的数据,平台有着很强的过度搜集个人信息的倾向,很容易侵犯用户的隐私权。获得数据之后,平台为了更好地利用数据资源,挖掘潜在的商业价值,还可能过度使用数据,利用大数据模型,伤害消费者福利。因为数据的高度集中,平台还将面临巨大的数据泄露等安全风险。

我国既有立法对于数据流通、共享,尤其是非个人数据流通、共享的保障,是极为有限的。《民法典》以及正在制定中的《个人信息保护法》不仅有助于保障自然人隐私及数据权益,而且在保障数据流通、共享方面具有显著的进步性。根据《民法典》第一千零三十七条,自然人可以依法向信息处理者查阅或者复制其个人信息。《民法典》为权利人设立的访问权、复制权等权利,无疑保障了其对数据的控制力,避免了个人数据被数据处理者过度垄断,数据的流通、共享能力得以提升。然而,在非个人数据领域,我国不仅缺乏相应的立法保障这类数据的流通、共享,现行的著作权法、专利法以及商业秘密法等法律甚至将进一步强化数据处理者的控制力,加剧数据锁定困局。

在欧盟,目前主要存在两种应对数据锁定困局的方案。其一为"数据生产者权"方案,该方案通过为非个人数据的生产者设定排他性的新型知识产权(或财产权),使其得以全面控制其生产的非个人数据;数据生产者权方案虽在欧盟进入了部分国家的立法程序,但由于内在的诸多缺陷而始终未取得实质性进展。缺陷之一为数据生产者权的排他性使得权利人可借此限制其他主体访问、获取其生产的数据;缺陷之二为数据生产者权的权利碎片化问题;缺陷之三为议价能力失衡问题可能阻碍数据生产者权基本功能的实现,同时造成强化数据处理者数据控制力的消极后果。

其二为"数据访问权"方案,其主要思路是在欧盟《通用数据保护条例》(GDPR)保护体系的基础之上,为用户在非个人数据之上设立不可放弃或转让的访问权,以保障其访问、转移数据的自由。数据访问权方案的核心是为 GDPR 未能覆盖的用户与数据类型提供有限的法律保护,以保障非个人数据的全面自由流通。其主要优势包括四方面:一是数据访问权的内容主要包括访问权与携带权,以其应对数据锁定困局更具针对性;二是数据访问权具有不可放弃性(固有性),可以免除用户因弱势谈判地位而丧失数据权利的风险;三是数据访问权更具灵活性,无须回应数据由谁所有的问题;四是数据访问权的立法成本更低。

对于我国,当务之急是尽快完善数字权利的立法体系。考虑到带有人格权特征的数据访问权方案在欧盟立法实践中已取得初步成功,我国可参考该经验,在人格权框架下完善权利设置,以保障非个人数据流通。具体而言,可以**从三个层面完善我国的非个人数据立法:首先,在立法目标层面,**我国应更重视对非个人数据流通的保障。数据市场本身以及涉及的主体、行为、法律关系均是多元化的,相关立法应面向数据市场的多元化需求,体系化地确立与平衡包括数据流通、数据保护、数据安全等在内的多重立法目标。我国当前的理论与实践过度倾向于强调数据保护,尤其是对数据产业投资者(如数据处理者)的保护,是不恰当的。这不仅有损用户以及社会公众的利益,即使对于数据产业本身而言也可能是不利的。数据产业良性发展与持续创新的基础,更多是来自市场竞争,而非政策、产权的激励。数据自由流通是保证市场竞争的重要前提,在我国既有法律能够为个人数据的流通提供一定保障的背景下,加强保障非个人数据流通的立法是当务之急。**其次,在法律框架层面,**唯有选择恰当框架方能保障非个人数据的流通,否则将可能适得其反。我国的相关理论研究往往基于数据的特性,倾向于在知识产权或财产权框架下进行立法,规制相关行为。仅就保障非个人数据流通这一立法目标而言,权利具有可转让性特征的知识产权、财产权框架其实并不适宜。如前所述,我国可在人格权框架下完善权利设置,以保障非个人数据流通。尽管非个人数据本质上主要体现的是一种财产利益,但人格权体系并不排斥对财产利益的保护,该方案是具有可行性的。**最后,在立法策略方面,**目前既无证据表明我国现有的法律框架无法为非个人数据的投资者提供充分保护,也无证据表明数据财产权制度优于现有的法律框架。仓促设立数据财产权将可能步欧盟数据库立法后尘,徒劳地限制用户与公众的自由、加剧数据锁定,却无法实现促进数据流通、共享的立法目标。实际上,为非个人数据用户设定特定权利并非保护其数据利益与保障数据流通的唯一手段。在权利化或赋权保护路径以外,责任规则体系同样能够实现相似目的。反不正当竞争法是责任规则体系中的重要部门法,以其作为保护用户数据利益与保障数据流通的工具,不仅可以避免赋权过度、过强,还可以弥补由于立法者预见性不足而导致的立法疏漏。在未来一段时期内利用反不正当竞争法作为新型数据权利的孵化器,应当是更有利于我国的选择。

在长三角地区,已经出现了较多大数据利用、交易的平台和机构,最为典型的比如上海的大数据交易中心,即上海数据交易中心。该中心于2016年4月成立,是经上海市人民政府批准,上海市经济和信息化委员会、上海市商务委员会联合批复成立的国有控股科技创新企业。数据中心虽然是企业化的组建形式,但是作为上海市大数据发展"交易机构＋创新基地＋产业基金＋发展联盟＋研究中心"五位一体规划布局内的重要商业机构,其承担着促进商业数据流通、跨区域的机构合作和数据互联、政府数据与商业数据融合应用等重要任务。上海数据交易中心以"构建数据融合生态,释放数字中国里的阳光数据"为使命,以成为"领先的数据流通开放平台"为愿景。成立以来,中心开展了以数据有效连接为目标的标准、规范、技术、法律方面的基础研究。上海数据交易中心自主创新"技术＋规则"双重架构的数据交易整体解决方案和实时在线的数据流通平台,形成了数据流通领域的多个标准、专利技术与软件著作权。其中,"元数据六要素"的数据规整方法,作为国内首创的流通数据定义标准,已成为大数据流通领域行业认可的基础规范;与公安部第三研究所联合研制的"xID标记技术数据合规流通解决方案"更是国内当前唯一能实现个人信息保护且利用的流通解决方案。

（二）以依法行政为目标，数字化改革行政法的结构调整

2019年国务院印发《长江三角洲区域一体化发展规划纲要》，提出要共同打造数字长三角，加快长三角政务数据资源共享共用，提高政府公共服务水平。在数字化改革背景下，应当以推进依法行政为目标，对行政法予以结构性调整。

数字政府建设在地方实践过程中体现为区域行政组织一体化，其内核即构建以数据共享为核心的整体政府。首先，长三角三省一市各自都开展了以数据共享为基础的探索，上海市于2016年就颁发了《政务数据资源共享办法》，其中第一条强调政务数据共享是为了"促进政府部门间业务协同，避免重复建设，进一步提高本市公共管理和服务水平"。浙江省在2017年颁发的《公共数据和电子政务管理办法》中明确"公共数据资源目录中的数据，通过公共数据平台共享交换"，并确定了共享原则、种类、程序等内容。其次，长三角各地之间的数据共享也已经从理论走向了实践。2020年5月，青浦、吴江、嘉善三地在长三角生态绿色一体化发展示范区签署了《示范区改革备忘录》，三地将共同推进示范区政务大数据共享架构体系建设，实现跨区域数据共享和业务协同。以数据共享为基础的整体政府从组织上实现了数字化改革的全新样态和未来发展趋势。

　　数字化的行政法治路径，直接表现为自动化行政的兴起。长三角地区在行政自动化的发展路径中，走在了全国前列。比如公安机关的社会服务行政职能中，上海大力推进"就近办、掌上办"，率先在全国实现四大警种窗口业务"一窗融合"；江苏上线运行"一体化在线政务服务平台"，深入推进权力事项标准化建设；浙江以"最多跑一次"改革为牵引，积极打造全省"互联网＋可信身份认证"平台；安徽打造"皖警便民服务 e 网通"平台，实现 290 项服务事项"一网通办"。理论上，自动行政行为根据人工介入的程度可分为半自动和全自动行政行为。半自动行政行为因电子技术与设备的辅助性应用，理论障碍较小，已获得我国立法的认可。实践中虽已形成了全自动行政现象，但尚未取得充分的学理支持。然而，无论哪种方式，自动化行政都不可避免地要借助人工智能进行大数据研判，不但会产生信息、数据收集以及处理错误的风险，还可能对个人隐私与数据保护造成侵扰，算法不透明同样易引发风险。因此，有必要对自动化行政进行法律控制，不仅要确立以数据权保护为核心的宗旨，还需建构公开、透明且可救济的程序，确保自动化行政的正当性，推进依法行政，增进权利保障并促进社会效益的增加。

　　数字化的行政法治路径，蕴含了丰富的行政法治内涵的变革。政府数字化改革对行政法的基本原则影响深远，特别是重塑了行政效能原则。通过运用"互联网＋政务服务"和大数据，整合、优化行政审批程序，从而在整体层面促进行政程序效能化。在此方面，长三角地区也有不少成功案例。2018年5月23日,中共中央办公厅、国务院办公厅印发了《关于深入推进审批服务便民化的指导意见》,将浙江省"最多跑一次"改革作为典型经验之一面向全国推广。目前来看,虽然"最多跑一次"最早作为浙江省域层面推进的一项"放管服"改革,但其已经在长三角乃至全国范围内产生重要影响,并获得了一系列的实践经验和改革成效。目前,长三角各地都通过"一窗受理、集成服务"或者"一网通办",梳理公布了"最多跑一次""不见面审批"事项,推进了便民服务、投资审批、市场准入等重点领域的改革。从法治角度看,其中蕴藏丰富的价值内涵,尤以行政法上的效能原则为特色优势。虽然行政效能原则有其存在的独特功能及其必要性,但如何明确、实现行政效能原则的具体内容和体系化构建才是问题关键所在。据此,效能导向下行政程序的法治化路径应在严格遵循行政法治原则的前提下,实现行政效能与行政程序的有机统一。换言之,行政程序效能化要以法治为基准,达成一个有效又有限的现代行政权运行模式。在行政实体法层面,明确行政效能的具体内容及其法律效力,以在具体案件中约束行政执法行为;在行政程序法层面,明确行政效能适用范围及其具体规则,使行政机关在实施行政行为时,既保障相对人程序性权利又提高行政效能;在行政诉讼法层面,通过司法审查确保行政权行使的有效性和有限性。

(三)以公正司法为导向,数字赋能和组织创新并举

司法领域以公正司法为导向,数字赋能以智慧法院为代表,组织创新以杭州成立全国首家互联网法院为代表。借助数字技术实现了办案流程的信息化改造,在杭州市落户的互联网法院,则成为长三角地区展现数字空间司法经验的重要窗口。

2017年4月12日,最高人民法院通过《关于加快建设智慧法院的意见》,提出智慧法院"是人民法院充分利用先进信息化系统,支持全业务网上办理、全流程依法公开、全方位智能服务,实现公正司法、司法为民的组织、建设和运行形态"。长三角地区在智慧法院建设中成绩斐然,最高人民法院定期组织开展智慧法院建设评价工作,华东地区在智慧法院建设平均指数方面始终稳居全国第一。长三角地区具有代表性的智慧法院工程包括如下。

浙江的移动微法院项目。 该项目顺应了互联网发展趋势,依托微信小程序的技术优势和平台优势,建设应用移动微法院,力争打造建设集约、服务集聚、数据集中、管理集成的一站式移动诉讼服务体系。移动微法院前后历经四代更新迭代,于2018年9月在浙江全省法院上线运行,具备网上立案、查询案件、在线送达、在线调解、在线庭审、申请执行、网上缴费等多项功能,实现从立案到执行全流程在线流转,实现诉讼服务事项跨区域远程办理、跨层级联动办理、

跨部门协同办理,切实解决老百姓问累、诉累、跑累的问题,让群众打官司"最多跑一次"甚至"一次不用跑"成为可能。

上海市高级人民法院的"上海刑事案件智能辅助办案系统"。该系统探索将大数据、人工智能等现代科技融入刑事诉讼活动中,着力解决刑事案件办案中存在的证据标准适用不统一、办案程序不规范等问题,大大提升了司法质量、司法效率和司法公信力。软件系统的开发、应用,增强了办案人员的证据意识、程序意识、责任意识、权利意识,倒逼办案人员树立办案必须经得起法律检验的理念,从案件一接手就按照法律要求的证据标准和证据规则收集、固定证据,确保侦查、审查起诉的案件事实证据经得起法律的检验,减少了司法任意性,有效防范冤假错案,确保无罪的人不受刑事追究,有罪的人受到公正惩罚,推动以审判为中心的诉讼制度改革落地见效,促进了司法公正,提高了司法效率,提升了司法公信力。

江苏的"苏州模式—千灯方案"。江苏以千灯法庭进行试点,狠抓电子卷宗随案同步生成、智能编目基础工作,形成无纸化办案的"苏州模式—千灯方案"。方案创新开发智能中间库,以非核心审判事务、审判辅助事务集约化管理和社会化外包为机制保障,推动审判流程再造。"千灯方案"立足审判一线法官的办公办案需求,借力信息化手段,依托"智慧审判苏州模式""5+3八大信息系统平台",大力推进法官办案智能化辅助系统建设,推动对电子卷宗的深度应用,上线运行"电子卷宗智能标注编目""法条检索随讲随查"系统,创新开发"纸质卷宗智能保管"系统,丰富了"智慧审判苏州模式"的内涵。

安徽的减刑假释网上办案平台。该平台在全国率先实现了法院与司法厅开展数据共享和跨界融合。安徽全省案件数量全国排名靠前,法官编制人数全国排名靠后,案多人少矛盾非常突出。面对繁重的办案任务,针对减刑假释案件办理数量集中、相对简单的特点,安徽省高级人民法院和省司法厅以此为突破口,在业务和技术层面上进行了全面对接,有效解决信息数据共享问题,大幅提升了办案效率,在全国率先建成了覆盖全省、跨界融合、整齐划一、方便快捷的减刑假释网上办案平台。早在2016年1月,当地即实现了所有监狱一律通过网上平台报请减刑假释案件,法院不再接受纸质卷宗,明确2016年上半年实现全省网上办理该类案件全覆盖的工作目标。

杭州互联网法院则是我国智慧法院建设的集大成者,在自身数字建设、智能审判和诉讼规则创新等方面获得一系列重大阶段性成果。2017年6月26日中央全面深化改革领导小组第三十六次会议通过了《关于设立杭州互联网法院的方案》。方案指出,设立杭州互联网法院是司法主动适应互联网发展大趋势的一项重大制度创新。设立杭州互联网法院的目的就是要将挑战转变为改革的契机。杭州互联网法院的发展定位有如下三个方面。第一,互联网法院是法院信息化建设的集大成者。互联网法院应将改革重点放在外部信息化的建设上,即疏通互联网法院同其他诉讼交往主体的数据交换渠道,保障审判活动高效、有序进行。第二,互联网法院是人工智能辅助审判的先行者。互联网法院应继续大力推进人工智能技术的运用,提高自身运作和审判的智能化。第三,互联网法院是互联网和智能诉讼规则创新的发起者。互联网法院一方面应继续推进信息化、智能化建设,另一方面应不断推出适应互联网、人工智能时代诉讼要求的新规则,为国家的立法、司法改革提供可复制的制度经验。2018 年 7 月 6 日,中央全面深化改革委员会第三次会议在杭州互联网法院试点一周年的经验基础之上,增设了两家互联网法院。

杭州互联网法院在审判方式上实现了在线审理和异步审理等模式创新。在线审理模式中,打破空间限制,把庄严的现实法庭直接"搬"到了网络虚拟空间,通过技术手段,有效破解诉讼主体身份确认、送达、电子证据认定、行为控制等在线审理难题,当事人足不出户即可完成诉讼。凡当事人同意在线审的案件,100%在线开庭审理,平均用时 39 分钟。身处加拿大、德国、日本等地的当事人通过在线方式顺利参加庭审、完成诉讼。在线审理首例涉网行政诉讼案件,创新涉网行政诉讼案件审判机制。异步审理模式中,突破时间限制,当事人可利用空余时间,不同时、不同地、不同步参与诉讼活动,诉讼各环节均可在规定期限内按照各自选择的时间登录平台以非同步方式完成诉讼,充分保障其诉讼权利;法官从固定的庭审时间中解放出来，提升审判效率。该模式上线以来已结案 2000 余件。

在探索智能审理模式方面，突破"人"的限制，缓解案多人少难题。运用人工智能（AI）研发智能化审判系统，让特定案件实现从立案到裁判全程"智能化"，通过对大数据挖掘、知识发现、图谱识别和风控点的提取，智能生成包含判决主文的裁判文书，将法官真正从繁重的简单重复劳动中解放出来。目前，该系统已实现 1849 件金融借款案件自动生成裁判文书、自动送达，平均审理天数 20 天（包含 15 天的法定举证期限），平均仅需投入工作量约 80 分钟。

杭州互联网法院同时成为诉讼规则在数字空间领域创新的试验田。具体而言，对于网上审判和智能审判的新规则，互联网法院应积极运用和试错。对于现行规则中不适应网上审判和智能审判的部分，互联网法院应在法律允许的范围内选择性适用。对于确有必要变通现有诉讼规则的情形，应在确保于法有据的前提下，稳步进行制度实验。诉讼规则的创新是中央赋予互联网法院的独特历史使命。这是因为从全国范围来看，法院信息化、智能化建设在各地同时推进、各有特色，互联网法院的先进设备和高端智能系统等优势是相对的、暂时的、局部的，互联网法院的运作和发展应具有危机意识。制度创新尤为重要，这是互联网法院在较长时期内立足于全国法院信息化、人工智能化改革浪潮前端的保障。当然，互联网法院审理规则的创新不应脱离法治的轨道。为了满足互联网法院先行先试的需求,常规的改革举措应是建议全国人大常委会修改《民事诉讼法》的相关规定。但是国家法律的修改启动不易,修改周期长,无法在短期内满足当前互联网法院的迫切需要。因此可以考虑参考全国人大常委会授权国务院在自贸区暂停实施若干法律规定的做法,建议有关部门提请全国人大常委会授权杭州互联网法院暂时停止实施《民事诉讼法》关于网上诉讼和智能司法运用的限制性规定。暂停实施国家法律的规定符合互联网法院先行先试的设立初衷,使互联网法院成为推进网上诉讼的"试验田",形成可复制、可推广的制度经验,为我国民事诉讼立法完善和司法改革探索新思路和新途径。

互联网法院的设立,客观上也起到了为数字经济保驾护航的功能。杭州互联网法院的审判工作在这方面取得了显著成效。相比传统审理模式,杭州互联网法院"用互联网方式审理互联网案件"展现明显优势。2018年,杭州互联网法院法官人均结案数为905件,居全省第一位。2019年上半年,其案件平均审理天数为63.9天,一审简易程序适用率为86.60%,一审服判息诉率为95.82%,裁判自动履行率为97.26%,调撤率为62.74%。截至2019年8月,杭州互联网法院共受理各类涉网案件26000余件,审结近20000件,服判息诉率达97.27%。通过在线审理及智能软件的运用,平均每年减少诉讼出行34.7万公里,节约诉讼参与方114.7万小时,节约纸张31.5万张。杭州互联网法院审理了"比特币挖矿机""有声读物""职业索赔""网络炒信"等热点纠纷案件,促进了网络空间依法治理。

（四）加强区域协同,共同治理数字违法犯罪

在现代社会,"数字空间"的重要性进一步凸显,其已成为与"现实空间"并立的独立空间。与此相伴随的,则是违法犯罪的更新迭代。利用信息网络实施的违法犯罪以及在数字空间中实施的违法犯罪,呈现逐年递增的趋势,如今已是我国第一大违法犯罪类型。如何有效控制网络犯罪,保障数字空间秩序,已成为我国社会秩序所面对的迫切问题。

一直以来,长三角地区作为数字产业发展之重镇,亦伴随着网络违法犯罪的困扰。根据新近发布的《中国互联网发展报告2020》,综合评估信息基础建设、创新能力、数字经济发展、互联网应用、网络安全和网络治理六个方面,长三角地区的上海、江苏、浙江位列全国前十。相对应地,相较于其他地区,长三角地区的网络犯罪也呈现出更为严峻的态势。根据最高人民法院发布的《司法大数据专题报告:网络犯罪特点和趋势》,大部分网络犯罪案件分布于东南沿海,其中,浙江、江苏、安徽的网络犯罪案件占比位列全国前十。执法、司法机关通过刑法惩治有关行业与群体以确立必要的基本规则,发挥好刑事司法在规范社会行为,引领社会风尚中的重要作用,

是刑法功能在网络时代的应有之义。

为此,长三角地区协力合作树立"源头治理"和"综合治理"的政策理念,加强区域协作,实现长三角地区网络违法犯罪的有效打击。所谓"源头治理",通俗来讲,是指"打小打早"和"消除犯罪土壤"。"打小打早"要求刑法介入和干预的时点往前挪移。比如在刑事司法层面,应将尚未造成实害结果的预备犯纳入刑事制裁圈,如此可向潜在的犯罪人表明国家重拳打击网络犯罪的决心,从而起到较好的威慑作用。在刑事立法层面,可借助"预备行为实行化"和"帮助行为正犯化"的立法技术,从早、从重地规制网络犯罪。"源头治理"的另一要义是"犯罪土壤的消除"。网络犯罪尤其是网络诈骗犯罪滋生的一个重要原因,是"两卡"即银行卡和电话卡贩卖的黑灰产业长期存在。针对此,自2020年10月始,长三角地区强力执行"断卡行动",且取得了显著的成绩。自"断卡行动"以来,浙江省共打掉涉"两卡"黑灰产业团伙240个,抓获涉两卡犯罪嫌疑人3890人,查获银行卡13318张,手机卡18万余张。江苏省则重点确立了金融惩戒制度,涉嫌开立银行账户、办理银行卡并出售出租出借银行卡用于诈骗的人员,面临着暂停个人所有银行账户非柜面业务、支付账户所有业务5年,且5年内不得新开账户的处罚。"断卡行动"截断了"两卡"贩卖产业链,进一步消除了网络诈骗犯罪的滋生土壤,是网络犯罪源头治理的成功典范。

就违法行为的执法行动,长三角地区的上海、江苏、安徽、浙江市场监管部门于 2020 年 12 月在浙江温州签署《长三角地区市场监管网络案件联动执法合作协议》。根据协议,重大网络违法案件如涉多个地区,案件主办方可发起集群战役,通过牵头成立联合办案组、临时指挥部等方式,实现长三角协同查处。这是在 2019 年签署的《长三角地区市场监管联动执法实施办法》基础上的长三角地区执法协同,进一步完善了线索移送、执法协助、执法联动、执法互认、信息通报等工作机制。协议明确,对长三角区域有一定普遍性的典型违法行为开展跨省(市)专项执法行动,在规定时间内对重点领域、区域开展打击,实现生产、流通、仓储服务以及网上网下一体化、全链条打击。涉及跨区域的案件线索,第一时间分享证据材料、通报协查。

在违法犯罪的侦查活动中,公安机关承担了主要的职责。2018 年以来,有着深厚区域警务合作基础的沪苏浙皖一市三省公安机关,秉持"开放、合作、共赢"理念,围绕"勇当长三角更高质量一体化发展新标杆,为全国区域警务一体化提供新方案"的战略目标,持续推动长三角区域警务一体化朝着更高起点、更深层次迈进。2018 年 5 月,在上海,沪苏浙皖一市三省公安厅局长齐聚长三角区域警务一体化暨首届中国国际进口博览会环沪安保圈会议,共同签署《长三角区域警务一体化框架协议》,翻开了区域警务合作的新篇章。2018 年 8 月,长三角区域警务一体化领导小组成立,四地警方抽调专人在上海集中办公,组建实体化运作的长三角警务办,逐步建立起涵盖 32 个警种、128 个部门、130 余名联络员的常态化、网格化沟通协作机制。长三角区域中,上海市公安局充分发挥龙头带动作用,建机制、聚合力。苏浙皖三省公安机关各扬所长,主动接轨上海。四地警方坚持"一盘棋"思想,铸牢"共同体"意识,把改革强警和科技兴警的创新因子融入"一极三区一高地"战略定位,携手打造区域警务合作示范区、新典范。

刑事犯罪案件的审查起诉工作由检察机关负责。杭州余杭、上海长宁、南京建邺三地检察机关为长三角区域法治一体化提供了范本。2020 年 6 月 18 日,三地通过智能会议平板"隔空"会签了《互联网区域保护检察联盟合作协议书》,标志着三地"检察联盟"正式建立。三地均具有区域互联网经济发达、互联网检察工作成效突出的特点,通过建立"互联网区域保护检察联盟",进一步提升检察机关参与互联网生态治理的能力与水平,共同维护长三角互联网安全。其具体的力量协同举措一共七项,包括案件协作办理、专家智慧共享、风险研判预警、互联网保护交流平台、专项课题调研、人才交流培养、新闻宣传协作等。

在实务之外,理论研究也可为网络犯罪问题的解决提供智识支撑。2016 年,浙江大学光华法学院和阿里巴巴集团共同创办了中国互联网法律大会,如今已成为中国重要的互联网法律会议交流平台。网络犯罪一直是中国互联网法律大会关注的主题之一,每年都会邀请长三角地区的专家学者参会讨论。相关的讨论成果可为长三角地区网络犯罪的治理提供借鉴。

数字空间不是法外之地。在网络犯罪情势严峻的当下,积极而不失省慎地动用刑法,对网络犯罪和网络不法行为进行"源头治理"和"综合治理",在长三角地区乃至全国范围内加强网络犯罪打击的区域协作,可塑造出风清气正的网络环境,"让互联网更好造福人民"。

四、数字媒体创新

数字媒体创新是数字创新在当前时代最为直观的表现之一。它深刻地改变了人们对"媒体"的认知,使日常生活中信息的接收与传播变得日益广泛,无弗远近,瞬时即达,人皆可为。数字媒体创新的基本趋势是以数字技术为核心创新要素,通过创新和发展数字技术的媒体应用,使人的感知觉与周遭场景得到互动式、沉浸性的传播和移动。在现有条件下,数字媒体创新的表现形式主要是媒体融合。媒体融合是数字媒体创新在相当时期的过渡表征。在经济全球化的进程中,创新技术不断迭代与传播需求持续扩大,多种要素的驱动必将使数字沟通有更为丰富的呈现。因此,在数字媒体创新领域做好深入研究,适度超前布局,是媒体融合前瞻性研判的题中之义,也是全面建设社会主义现代化国家的基础性工作。

长三角地区作为全球数字技术的创新高地之一,数字媒体创新与发展不仅是其驱动数字经济发展的重要内容,也是积极引领数字中国建设,以数字化转型整体驱动生产方式、生活方式和治理方式变革的基本要求。数字媒体技术及其基础设施建设,是长三角区域一体化"新基建"的重要内容。长三角三省一市协同发展,既要在数字媒体技术的应用方面有创新性引领,不断催生传媒领域的新产业、新业态和新模式,又要在数字媒体技术的基础设施建设方面发挥协同创新优势,打造数字媒体创新发展的一体化示范区,使数字媒体技术赋能传统媒体转型升级,助推数字技术全面融入社会交往和日常生活,构筑全面畅享的数字时代新生活。一句话,长三角区域一体化应打造数字媒体融合创新的"长三角方案",以"数字媒体创新一体化发展示范区"建设为抓手,使长三角的数字媒体在技术、平台与路径上的创新引领全球媒体变革浪潮,为新型主流媒体建设提供新方向。

（一）长三角数字媒体创新的内涵与意义

在当前技术、制度和人才等条件下,数字媒体创新突出表现为媒体深度融合。这主要包括两个方面,一是以先进技术引领驱动融合发展,用好5G、大数据、云计算、物联网、区块链、人工智能等信息技术革命成果,加强数字技术在新闻传播和媒体平台构建领域的自主创新和前瞻应用;二是推进内容生产供给侧结构性改革,走好"全媒体时代群众路线",把党的优良传统和新技术新手段结合起来,强化媒体与受众的连接,以开放平台吸引广大用户参与信息生产传播。而媒体领域的体制机制改革、人才队伍建设都要围绕上述两个方面来进行,特别是要发挥市场机制作用,创新媒体投融资政策,增强主流媒体的自我造血机能。长三角区域在数字技术、人才和市场机制上都走在全国,乃至全球前列,其数字媒体创新应该有效调动各方因素,协调三省一市研发机构、主流媒体与商业平台的关系,科学布局,强弱互补,率先构建数字媒体创新一体化发展示范区。

长三角区域在数字创新时代率先构建数字媒体创新一体化发

展示范区,是长三角地区打造全球重要的现代服务业中心的必然要求。媒体产业是现代服务业中最为显豁的组成部分。人类传媒技术的发展历经口传、书写、印刷、电子和网络传播时期,在数字技术的迭代中走向了智能传播的新时代。在这一阶段,人类社会与信息传播融为一体两面,而中国能否充分利用新一代信息技术变革媒体表征,创新场景应用,扩大信息内容产品供给,不仅关系着人民群众对美好生活向往的回应,也关系着国家文化软实力和中华文化影响力的提升。长三角区域科教资源丰富,拥有上海张江、安徽合肥2个综合性国家科学中心,全国约 1/4 的"双一流"高校、国家重点实验室、国家工程研究中心,区域创新能力强;特别是上海、南京、杭州、合肥等地,在大数据、云计算、物联网、人工智能等新技术方面实力突出,软件信息服务产业规模占据全国 1/3,联合发展优势明显。基于上述条件,长三角地区构建数字媒体创新一体化发展示范区可以在引领全国数字媒体创新高质量发展、打造区域发展强劲活跃增长极上发挥典范作用,在新一轮数字媒体变革与国际话语权竞争中,寻找参与全球媒体合作与竞争的新路径。

长三角区域在数字创新时代率先构建数字媒体创新一体化发展示范区,是打造社会主义现代化建设引领区和共同富裕示范区的必然要求。"十四五"规划提出,支持浦东打造社会主义现代化建设引领区、浙江高质量发展建设共同富裕示范区。作为长三角地区的两大发展范例,浦东和浙江在数字媒体创新领域的探索和实践将为

"社会主义现代化建设引领"和以"共同富裕"为指向的"高质量发展"提供新的表达形态和表现方式。一方面,"智能媒体"正在形塑人们对现代化与美好生活的认识。随着传感器、计算机视觉、语音识别、自然语言处理、机器学习等通用技术能力在媒体领域的广泛使用,物联智能视觉、脑机接口、复杂环境中的智能语音处理技术等逐步进入媒体应用场景,数字媒体创新变得更富想象力与执行力,媒体呈现在很大程度上成为人们认识智能社会的"窗口"。另一方面,"全能媒体"普遍提高了人们在社会主义现代化进程中的获得感。由 5G 技术带来的海量媒体内容,经过云端处理,转化为泛媒化、场景化的物联终端,便捷、自由和普遍的社会参与感已经是媒体使用的基本体验,尤其在"新闻＋政务""新闻＋服务"和"新闻＋商务"领域,与基层数字治理相结合,正在探索实现数字媒体创新引领的生活方式与治理方式"质变"。可以说,数字媒体的迭代创新将使信息终端的内容呈现在很大程度上成为人们感受智能社会的"样本"。"社会主义现代化建设引领"和"共同富裕示范"都需要在媒体上呈现出来,而新的数字媒体技术将使这种呈现更加精准、更具效能、更富体验、更显价值。

长三角区域在数字创新时代率先构建数字媒体创新一体化发展示范区,是长三角地区媒体深度融合之后探索转型升级之路的必然要求。中共中央办公厅、国务院办公厅于 2020 年 9 月印发了《关于加快推进媒体深度融合发展的意见》(以下简称《意见》)。这是继

2014 年中央《关于推动传统媒体和新兴媒体融合发展的指导意见》之后出台的又一份指导性文件。相比 2014 年的要求,《意见》高度聚焦"深度融合",提出要以先进技术引领驱动融合发展,用好 5G、大数据、云计算、物联网、区块链、人工智能等信息技术革命成果,加强新技术在新闻传播领域的前瞻性研究和应用,推动关键核心技术自主创新。特别是要探索建立"新闻＋政务/服务/商务"的运营模式,为媒体"深度融合"指明了方向。而长三角区域始终是新一代信息技术的"领跑者",其领先的技术研发实力和广阔的信息市场为媒体深度融合提供了纵深空间。一方面,聚焦内容聚合分发、资讯视听一体化、智能编辑审核修复的主流媒体平台正在朝向"技术＋内容＋运营"的上下游整合方向发展。如上海广电打造的 Xnews 全媒体融合生产平台、浙江广电着力发展的"中国蓝新闻""中国蓝TV"、江苏广电"荔枝云"平台和"调度指挥中心"等,都在全国具有相当重要的行业影响力。另一方面,2020 年新冠肺炎疫情"催化"的智能媒体溢出效应日益明朗,"智媒＋行业"的发展态势使媒体融合为文旅、会展、政务等垂直领域赋能,主流媒体与互联网商业平台之间的合作日益增加。如疫情期间,浙江、安徽、江苏等地主流媒体均有地方领导"短视频＋直播带货"实践,探索了"媒体＋扶贫"的新路径,为数字政府转型与智能媒体投身经济建设主战场提供了新思路。媒体融合是数字媒体创新的一个阶段,下一步发展仍需要有数字技术的迭代支撑和推动,而长三角地区数字媒体创新一体化发展示范区的建立将有助于丰富相关技术的场景应用,以"长三角方案"展开意识形态建设,发挥党和政府联系人民群众、服务社会大众的桥梁纽带作用,在世界范围内发出更大的中国声音。

(二)长三角数字媒体创新的一体化发展战略

　　数字媒体创新的"长三角方案"突出"一体化发展"。"一体"不同于各自探索,其要义在于顶层设计、科学规划、合理布局,其核心在于体制机制创新。一方面,要充分利用中央支持浦东打造社会主义现代化建设引领区、浙江高质量发展建设共同富裕示范区的政策优势,探索跨区域技术创新与实践运用的项目孵化和运行机制。另一方面,要尽可能发挥长三角三省一市的主体作用,探索技术和数据要素跨区域市场化配置的基础设施布局与运行服务机制。特别是要在数字媒体创新领域有序推进相关业务开放,更高层次参与国际合作和竞争,利用全球资源要素和市场空间,打造长三角区域对外开放和对外传播的新优势。这就要求长三角数字媒体创新的一体化发展具有战略意识,突出"三步走"与"齐步走"。

　　首先,长三角区域数字媒体创新一体化发展,体现为信息基础设施设备的互通共享。除了有效连接的高速公路、铁路,沿海、沿江联动协作的航运体系和区域机场群体系等的基础之外,借助电力主干网等能源基础设施逐步联通的优势,在现有光纤宽带、4G 网络等信息基础设施初步联通的基础上,强化高速泛在、天地一体、集成互联、安全高效的新型信息基础设施共建共用,是长三角区域媒体创新一体化发展的物质基础和现实保障。党的十八大以来,长三角区域一体化的"新基建"已经取得了重大进展。根据《上海市推进新型基础设施建设行动方案(2020—2022 年)》首批重大项目清单,上海市三年内的新基建项目总投资达 2700 亿元;浙江省发布的《浙江省新型基础设施建设三年行动计划(2020—2022 年)》更提出"三年万亿计划";仅安徽合肥一地的《合肥市推进新型基础设施建设实施方案(2020—2022 年)》就提出"三年不少于 2000 亿元"的投资计划。在现有各地"新基建"计划的基础上,突出数字媒体创新的一体化发展需要更加强调两个方面:一是加强新型基础设施统筹建设和共建共享常态化机制,促使长三角数字媒体创新能够实现深度融合,提高共享水平和使用效率;二是发挥区域数字创新优势,适度超前布局相关技术研发实验室和基础设施建设节点,增强区域"新基建"的数据感知、传输、存储和运算能力,构建长三角区域一体化媒体(生产与传播)大数据中心集群,在数据安全、算力统筹、智能推送等方面打造全国样本。

其次,长三角区域数字媒体创新一体化发展,体现为媒体机构的共建共享机制建立。 长三角区域一体化成为国家战略之后,相关数字媒体的一体化发展以"联盟"形态已经广泛地出现了。早在 2015 年,长三角江苏、浙江、安徽三省的县市区新闻传媒和上海市的区县新闻传媒共75家新闻单位就联合组成了"长三角县市区新闻传媒发展联盟"。2016年,宁波牵头成立"长三角旅游全媒体联盟",拥有成员单位50余家。2017年,由教育部教育新闻宣传中心等单位指导的"长三角高校新媒体联盟"在上海成立,长三角地区24家高校数字媒体参与。2018年由澎湃新闻、界面新闻和甬派联合发起的"长三角移动新媒体联盟"在宁波成立,成员单位已经从最初的16座城市18家主流数字媒体增加至2020年的26座城市27家媒体;同年福建还成立了"泛长三角融媒体宣传联盟"。2019年,上海、江苏、浙江三地的三座城市联合推出"青吴嘉长三角一体化发展媒体联盟",共同打造数字媒体"长三角示范区"。2020年,江苏、安徽、浙江、山东又联合成立"泛长三角区域高速公路媒体发展联盟"。这些媒体联盟的建立和运行是长三角区域媒体机构共建共享机制的初步探索。但是,整体看,长三角地区的现有媒体联盟数量多、范围广、分域细,缺乏制度化、平台化和技术赋能型的工作抓手,而且主要是以机构媒体为主体的民间行为,联盟形态主要表现为新闻线索、报道活动、产品内容等之间的互联互通,而政府引导基于"新基建"和制度设计而成立的智能化内容共建共创共推体制机制与技术平台尚付诸阙如,大部分机构媒体和为数众多的自媒体仍是彼此为营,仍显势单力薄。

最后,长三角区域数字媒体创新一体化发展,体现为数字内容生产与传播技术创新。数字技术是当前创新浪潮中最为活跃的因素,数据资源是新一轮产业变革的基础资源。长三角区域在高端芯片、操作系统、人工智能关键算法、传感器等关键领域的数字创新均有相当优势,特别是通用处理器、云计算系统和软件核心技术一体化研发方面,对量子计算、量子通信、神经芯片等前沿技术的探求,为信息科学、生命科学和材料等基础学科在传媒领域的创新应用提供了扎实基础。而数字媒体产业本身也是数字产业化的重要体现。"十四五"规划要求构建基于5G的应用场景和产业生态,与搜索引擎、电商、社交网络等数据资源密切相关的泛媒体产业理应成为重要的应用领域。近年来,主流媒体对5G、人工智能(AI)、增强现实(AR)与虚拟现实(VR)等技术的利用手段逐渐增多,如5G信号的直播、"5G+8K"的实时传输和新闻快速剪辑系统、AI合成的虚拟主播、云上虚拟演播厅等传播场景在上海、浙江、江苏等地的实践已较为充分。特别是2020年中宣部发布《全国有线电视网络整合发展实施方案》,成立中国广电网络股份有限公司,为"全国一网"工作提供了铺垫;而歌华有线与国家电网基于华为700M基站完成的电力5G CPE终端接入测试也为"广电5G+智能电网"提供了技术基础。这将极大地推进我国新型媒体集团的建设。但是,从现有的媒体数字技术应用来看,存在着两个较为明显的问题:一是主流媒体数字技术自主创新能力较弱。长三角地区主流媒体的数字生产与传播主要是依靠与商业公司合作完成的。如2019年,字节跳动与上海东方报业合资成立澎湃视听科技公司;2020年,江苏广播电视

77

总台与快手合作在大小屏融合创新,浙江广播电视集团与字节跳动合作成立新媒体产业孵化园;浙报集团与阿里云合作探索社会治理数字化实践等。二是主流媒体数字技术应用场景主要局限在算法个性化推荐,电商、电竞等消费端。数字媒体应该是内容生产与信息传播的聚合平台,而当前的数字媒体技术创新主要体现在消费场景中,如江苏广电总台的"荔枝直播"主打高品质达人、主持人等转型网络红人的直播带货;安徽广播电视台与风语筑文化科技有限公司合作成立的"安徽网红经济产业基地"也主要探索多频道网络(MCN)模式的商业化可能。这与"意见"强调要推进内容生产供给侧结构性改革,始终保持内容定力,更加注重内容质量,扩大优质内容产能,是有差距的。

(三)长三角数字媒体创新的一体化发展路径

长三角区域数字媒体创新的一体化发展,要在"新基建"、制度化与供给侧实现"三步走",就必须创造其"一体化发展"的"齐步走"路径,为数字媒体的创新应用提供整体化的治理场景和施策环节。一方面,长三角区域数字媒体创新的一体化发展需要有与之相应的治理平台和共建机制;另一方面,要让这一着眼于"一体化发展"的媒体创新平台与机制具有可评估、可测量、可追溯、可改进的效果。这就需要长三角数字媒体创新一体化发展具有明确的"齐步走"发展路径。特别是在推动媒体深度融合的现阶段,长三角数字媒体创新的目标是建成一批具有强大影响力和竞争力的新型主流媒体,逐步构建网上网下一体、内宣外宣联动的主流舆论格局,建立以内容建设为根本、先进技术为支撑、创新管理为保障的全媒体传播体系,从而为全国其他地区的媒体融合发展提供示范。

长三角数字媒体创新一体化发展要以打造"长三角多层次一体化融合媒体矩阵"为核心。 2018 年,中宣部要求全国范围内的县级融媒体中心建设在 2020 年底基本实现全覆盖。目前,这一工作已基本完成,长三角地区更是走在全国前列,如浙江省即提前一年实现县级融媒体中心建设在组织架构调整方面的全完成。与之相应,数字媒体创新的一体化发展要进入媒体深度融合的第二阶段,即统筹资源,打造结构合理、差异发展、协同高效区域媒体融合发展格局。具体来说,就是要协调省级媒体、市级媒体和县级融媒体中心,形成"多层次一体化"的"融合媒体矩阵"。长三角区域数字媒体创新在这一方面的探索可以从以下方面着力:一是落实跨地区媒体融合工作联席会议制度,长三角整体区域成立媒体融合工作领导小组,统筹宣传、网信、新闻出版广电、发展改革、经济信息化、财政、科技、通信管理等部门,使媒体融合与创新发展有多重抓手,形成推进媒体深度融合乃是加强意识形态工作、增强执政能力一项重要任务的共识,纳入长三角一体化全面深化改革重大项目,落实主体责任,为媒体融合发展提供全方位支持。二是加强区域媒体融合的政策保障,在财政支持、税收扶持、金融政策、人才引进、数据支持和考核评估等方面为媒体融合发展提供全方位支持。要确保新闻主业稳定,健全落实媒体基本运行、宣传报道、公共服务等核心主业的财政保障机制,加大对媒体融合重点项目建设、全媒体内容生产和传播的财政支持力度。特别是落实国家有关企业创新、技改投入视为利润的财务统计办法,执行国家对国有文化企事业单位的所得税减免政策,鼓励媒体加大对媒体融合及新技术研发的投入。

构建"长三角多层次一体化融合媒体矩阵",除了省、市、县不同层级媒体的共同联合发展之外,**应高度重视以下两方面的发展:一是支持基层媒体创新,加大激励力度,注重引领实效,努力使地方主流媒体成为本地的创新创意中心。**基层主流媒体研发力量薄弱,可以在"长三角媒体融合发展资源共享机制"和"长三角媒体融合发展交流合作平台"的支持下,联合长三角区域的重点高校、省市级平台,以挂牌实验室、工作室、高校实践基地、基层工作站等方式,打造线上线下一体化的专业社区,打造地方媒体品牌和区域社交群体。特别是要在地方文化创新方面,支持基层主流媒体营造创意氛围,通过数字技术创新,打造吸引年轻人的新媒体平台;在新闻产品创新方面,鼓励基层主流媒体立足本土,贴近用户,注入创新因子,进行内容和产品改革。数字媒体创新要在做强新闻宣传的基础上,巩固壮大主流思想舆论的综合优势,实现社会生活的整体变革。**二是在公共服务创新方面,发挥传媒优势,增强数据开发利用能力和媒**

体智库功能，为区域治理提供方案。与商业媒体相比，主流媒体的用户黏性主要来源于党委、政府执政资源的支撑，用户要享受基层政务服务就必须接入主流媒体平台。而要创造出这一大规模的市场需求，主流媒体必须加强数字技术开发，形成较强且独具特色的数据分析、开发与利用的能力，能够创新基层治理手段，为地方党委、政府的相关行政部门提供新的价值。或更新其既有行政服务，或创造新的服务类型以满足群众需求，如发挥主流媒体贴近群众的优势，通过解读和使用地方政府的政务数据，监测舆情演变，优化治理方案，为党委和政府排忧解难等等。也就是说，数字媒体创新应该把自身价值定位从党和政府的"喉舌"向"传播与治理功能兼具"转变，发挥主流媒体在公共服务、智库建设等方面的作用，从而形成与商业媒体不同的核心竞争力，发挥数字媒体创新引领社会发展的效果。

长三角数字媒体创新一体化发展要以搭建"长三角媒体融合发展交流合作平台"为基础。长三角区域内县市级主流媒体的创新发展和深度融合工作往往遭遇技术、人才与平台的障碍，尤其数字技术领域，除了省级媒体外，各地普遍存在技术短板，缺乏创新意识和能力。以"中央厨房"为例，各地的建设与使用程度不一、标准各异，彼此之间的效果差距很大；移动客户端建设也存在类似问题：自主研发缺资金、缺技术、缺人才，外包采购又可能受制于人，甚至造成路径迷失、阵地丢失、人才流失。目前各级各地主流媒体以各自探索,独立研发的模式进行媒体融合技术创新,既容易进一步加剧地区发展的不平衡,又可能造成基础设施的互不联通、叠床架屋,从而导致财政资金的巨大浪费。

长三角地区数字媒体创新一体化发展示范区可以尝试搭建"长三角媒体融合发展交流合作平台",配套省市县报业媒体融合发展战略联盟和广电媒体融合发展战略联盟,将省级媒体的技术与平台在互联互通的基础上,系统化、模块化、云端化地向各地输出,避免各级基础设施和软件投入的重复建设。没有强有力的技术平台,主流媒体的内容优势就无法充分发挥。当前,与全国其他地区类似,长三角地区主流媒体在传播渠道上也不同程度地陷入了非主流化困境,需要依赖微博、微信、今日头条、快手、抖音、B站等商业媒体平台进行传播,处境被动,导流失利,难以有效提升主流媒体的舆论传播力、引导力、影响力、公信力。长三角地区的省级媒体集团应该发挥龙头优势,与浙江大学、复旦大学、南京大学、上海交通大学等"双一流"高校共建国家级传媒创新实验室,在 AI、VR、AR、大数据等前沿领域开展自主研发,创新传播手段和渠道,开发下一代主流媒体传播平台,加快新兴主流媒体的数字创新。此外,在线上线下一体化的平台建设方面,可以推进各级主流媒体参与乡村振兴、文旅融合、特色小镇等项目,统筹盘活部分基层媒体资源,实现舆论传播"向基层拓展、向楼宇延伸、向群众靠近"。同时,支持长三角地区数字技术开源社区等创新联合体发展,完善开源知识产权和相关制度体系,鼓励长三角地区互联网企业开放软件源代码、硬件设计和应用服务。目前,上海报业集团已在中国(上海)自贸试验区临港新片区设立技术转移孵化基地;浙报集团自主研发的"媒立方"获国家新闻科技奖最高奖"王选奖特等奖","天目云""天枢"等技术平台得到广泛运用。长三角地区主流媒体自主创新的数字技术研发与应用更为突出的表现可期。

长三角数字媒体创新一体化发展要以建构"长三角媒体融合发展指数评估体系"为抓手。长三角地区数字媒体创新在基础、形态和技术领域均走在全国前列,特别是有"十四五"规划提出支持的"浦东打造社会主义现代化建设引领区"和"浙江高质量发展建设共同富裕示范区"为政策支撑,建构长三角数字媒体创新一体化发展示范区有着广阔的前景。但毋庸讳言的是,长三角地区的媒体创新与融合发展仍存在着各层级、各地区、各媒体介质的进度不一,效果不均衡的情况。这突出表现在两个方面:一是省、市、县三级主流媒体融合发展不平衡,总体呈现省级优于市级、市级优于县级的情况。上海文广集团、浙报集团、江苏广电总台、安徽新媒体集团等省级媒体实力较为雄厚,2020年上海报业集团、上海东方网股份有限公司的联合重组又使省级媒体集团化的体量增大,成为区域数字媒体创新的排头兵,同时也在全国处于领先地位。而在市、县之间则存在复杂的发展不平衡状况,有些地方市级媒体融合推进力度大,如杭州、合肥、南京、无锡等;有些地方则是县级媒体融合发展快,如长兴、江阴、青浦等。二是不同地区间发展不平衡。部分地区的主流媒体虽然在数字技术使用上有较好呈现,但在体制机制方面的融合推进缓慢,尤其经济相对落后的地方,媒体"坐、等、要"的心理仍然突出。

与之相关的制度障碍是媒体创新发展的跨区域协调机制未能有效落地。在市场化的导向之下,"强强联合"容易实现,而"强弱互补"则很难完成。在长三角区域整体上,亟待成立推动媒体深度融合发展的跨地区领导小组,实现区域内部的"一网通办""一号通用";而在各地,数字媒体创新发展的工作主要靠地方党委宣传部门牵头,亦难以形成齐抓共管的合力,由宣传、网信、新闻出版广电、发展改革、经济信息化、财政、科技、通信管理等部门和主要新闻单位参加的联席会议制度也缺乏具体的工作抓手。让媒体深度融合有路可走、有章可循,可以通过建构"长三角媒体融合发展指数评估体系"为切入,以发展评估为整项工作的撬动支点,以评促改、以评促建、以评促管、评建结合,使整个长三角区域的数字媒体创新在顶层设计和宏观布局上形成"一张网""一盘棋""一幅蓝图"的全局呈现。特别是可以在评估导向上突出数字技术在媒体内容生产、社会服务等方面所发挥的作用,可以有效避免媒体融合走入"强化商业性、淡化政治性"的弊端。

与常见强调市场导向的收视率、点击率等要素评估不同,"长三角媒体融合发展指数评估体系"应强调以下几个方面:一是数字媒体创新与数字化改革之间的融合。2020 年至今,上海市公布《关于全面推进上海城市数字化转型的意见》,安徽省印发《安徽省"数字政府"建设规划(2020—2025 年)》,浙江省提出"全面推进数字化改革",江苏省将数字政府建设列入"十四五"重点专项规划,都显示出数字技术在社会治理领域的重要意义。而主流媒体融合的"新闻＋政务""新闻＋服务"也应该在这一趋势中有更多的探索,特别是通过政府与媒体的相互引流,增强媒体在基层组织群众、社会动员等方面的能力。二是数字媒体创新与发展社会主义先进文化,提升国家文化软实力的融合创新。数字媒体创新要在内容、技术和平台上助力提高社会文明程度,弘扬中华优秀传统文化,提升公民文明素养,特别是要加强优秀文化作品的创作生产传播,更好地强化中华文明传播推广和文明交流互鉴,保障人民群众的文化权益。长三角地区的城乡文化资源丰富,公共文化服务体系完善,也是中华文化影响力的重要传播节点和现代文化产业体系建构的先进地区。长三角地区的数字媒体创新应该充分利用这些优势,如县级融媒体中心与新时代文明实践中心的融合创新,发挥媒体深耕社区的优势,打通宣传群众、教育群众、关心群众、服务群众的"最后一公里",使宣传思想文化工作更有活力、更有成效。三是社会效益放在首位、社会效益和经济效益相统一的现代产业体系建构,包括传媒企业形态、行业生态、消费模式等方面的创新能力,拓展对外内容交易、开拓海外文化市场的能力,以及以数字技术推动文旅融合、红色经典传承、理想信念教育等领域创新发展的水平。

长三角数字媒体创新一体化发展要以探索"长三角媒体融合发展资源共享机制"为保障。2020年,国家广播电视总局启动了广播电视媒体融合发展创新中心建设工作,力图在广电媒体融合发展理论研究、模式探索、技术应用、项目孵化等产、学、研、用几方面进行探索和突破,为传统媒体推进媒体融合提供支持。长三角地区的江苏省成功入选,成立了以江苏省广电总台为依托单位,江苏有线技术研究院有限公司、南京广播电视台、南京大学新闻传播学院、东南大学网络空间安全学院、江苏紫金传媒智库、中国移动通信集团江苏有限公司等12家单位为共建单位的"中国(江苏)广播电视媒体融合发展创新中心"。以该中心为范本,长三角区域应着力建构区域化的媒体融合发展资源共享机制,联合区域内与数字媒体创新相关的产、学、研优质资源,聚焦构建全媒体传播格局,探索区域数字媒体创新一体化发展的新模式,特别是数字技术在媒体融合发展中的成果转化和落地应用,能够为区域媒体的一体化发展提供技术保障、理论支持、创新空间和孵化平台。

长三角领域的不同地区发展程度不一,尤其沿海与山区在经济基础、区位特色、文化资源等方面的禀赋各不相同。长三角数字媒体创新一体化发展示范区的建构,就是要避免各自为政、彼此竞争,从而导致的主流媒体商业化和区域媒体发展不均衡的现象。数字媒体技术创新与平台迭代需要大量资金和人才的投入,使长三角区域内经济欠发达地区的压力巨大。这就要求整个区域构建一体化发展的共享机制,通过一体化发展示范区的建构,在行业主管部门联合对长三角范围内的主流媒体融合状况"摸家底"之后,予以通盘考虑,统筹协调,精准施策。经济基础和治理难题迥异的相关地区可以通过"长三角媒体融合发展资源共享机制"实现分类指导和共同提高。一方面,要使各地的主流媒体在创新发展过程中满足当地生产生活与基层治理需求,防止"一刀切"和同质化;另一方面,则可以通过共享机制的建立,利用政策优势,创新体制机制,扩大"盘子",考虑对欠发达地区的媒体融合与创新发展工作予以更强的资金、技术扶持,尤其可以统筹人才引进政策,出台全长三角区域统一部署的专项人才引进计划,加强柔性引进、短期驻访、借调、成立工作室、开展训练营、联合组织大型主题采访等方式的灵活用人和培训机制,扶持地方人才成长,避免数字媒体创新人才的恶性竞争。

另外,"长三角媒体融合发展资源共享机制"的建构还有助于区域数字媒体创新发展的经验总结,形成具有全球影响力和引领性的"长三角方案"。经过近十年来的探索,长三角地区媒体深度融合已经形成了不同层级的多种模式,如江苏模式、芜湖模式、长兴模式、三门模式等,为全国媒体创新发展提供了范例。在下一阶段的媒体创新过程中可整合成为更大层面的"长三角方案",包括数字技术助力媒体融合发展、媒体融合助力治理创新等重点领域,加强区域内不同媒体在技术、数据、人才、管理等方面的资源共享,通过共享机制分担研发成本，避免重复建设，打通数据壁垒，整合市场资源，缩小发展差距，促进整体提升。

习近平总书记在中央政治局第十二次集体学习上的讲话中指出："媒体融合发展是一篇大文章。面对全球一张网，需要全国一盘棋。"长三角三省一市均高度重视媒体融合发展工作，重视"数字中国"的区域创新。而如何将数字媒体创新在当前阶段的深度融合发展作为"一篇大文章"，在谋划长三角一体化发展整体"一盘棋"的基础上，探索成型的数字媒体创新"长三角方案"值得深入推进。

五、数字空间治理

（一）数字化空间治理体系

2013年党的十八届三中全会提出将"推进国家治理体系和治理能力现代化"作为全面深化改革总目标的重大部署，并提出"建立空间规划体系"。2015年中共中央、国务院印发的《生态文明体制改革总体方案》提出了"构建以空间治理和空间结构优化为主要内容，全国统一、相互衔接、分级管理的空间规划体系"的目标。2015年《中共中央关于制定国民经济和社会发展第十三个五年规划的建议》进一步明确，要"建立由空间规划、用途管制、领导干部自然资源资产离任审计和差异化绩效考核等构成的空间治理体系"。2018年自然资源部成立，国土空间规划迎来了新的发展契机。2019年5月《中共中央国务院关于建立国土空间规划体系并监督实施的若干意见》的发布，明确了空间治理体系和能力建设的战略性地位。

自党的十八大、十九大以来，我国开展了空间规划改革，越来越多的人意识到，城市空间的盲目扩张发展是不可持续的。于是，**城市发展的逻辑逐渐从"经济发展"的资本逻辑转变为"公平正义"的人本逻辑**。与此同时，许多城市如北京、上海已进入存量提升阶段。上海提出的"人文之城"、杭州打造的"生态文明之都"以及南京建设的"创新名城，美丽古都"，无不体现出新时代背景下，我国城市在规划发展理念和模式上的转型,也彰显了对城市空间高质量发展的追求。

1. 城市数字治理的空间之道

改革开放以来,城市化的加速推进使得我国城市空间急速扩张,过快的空间增长累积了巨大的物质财富,但城市品质和人民生活质量却难以得到保障,"城市病"问题正在各个城市不同程度地蔓延,许多特大城市也正处于"城市病"的集中爆发期。在新马克思主义空间理论、再城市化理论、城市精明增长理论、可持续发展理论等不同理论及实践的影响下,我国对城市加速扩张、城市品质难以提升的问题进行了深刻反思,许多城市转向内涵式、集约化、可持续式的空间发展路径。因此,以空间理论来审视城市发展所面临的问题并为城市治理提供新的空间视角显得越发重要。

1974 年,列斐伏尔提出了著名的空间生产理论。该理论指出空间是资本追求和创造剩余价值的场所,因此具有社会属性,表现在空间中的问题是资本主义生产方式和生产关系所引发矛盾的必然表达。大卫·哈维基于列斐伏尔关于空间生产的观点,提出用资本的三次循环理论来解释资本转移和利用空间修复其循环累积的过程,即资本的空间化和空间的资本化。英国社会学家吉登斯将城市和空间关系概括如下:"社会互动由一定时空下的社会实践构成,空间形塑社会互动亦为社会互动所再生产。"爱德华·索亚的社会空间辩证法揭示了空间的社会生产本质,强调社会生活既是空间性的生产者,又是空间性的产物。城市化实质则是城市空间的解构与重构的双向动态调适过程。

由此可见,**城市空间具有典型的社会属性、资本属性、文化符号价值、社会关系等特征,是城市生产和生活活动的基本载体。**因此,城市化进程中的各类问题也在城市中以空间的形式展现出来,一是权力和资本影响下的空间规划布局不合理,例如职—住分离、交通拥堵、产业区域不协调、新城变"鬼城"等;二是资本驱动的市场经济空间对其他空间支配渗透下的空间正义缺失,例如环境污染、生态破坏、公共空间减少、城市建设千篇一律、人民福祉损失等;三是资本逻辑下的城市空间权益失衡,例如进城农村人口的教育、医疗、社会福利等城市权益缺失、土地财政下的过高房地价格和高昂的生活成本、公共服务在空间上的分布不均衡和社会上的分配不公平等。

面对城市化进程中涌现的各类问题和风险,以及人民日益增长的美好生活需要和不平衡不充分发展之间的矛盾,在城市这一重要治理尺度上,开展空间治理成为当下解决问题的重要途径,其本质关乎城市经济、社会、文化、生态等均衡发展的空间增长、修复及其优化的协同共治过程。

城市治理包括权力和空间两个维度,空间是权力运行的载体或工具,权力是影响空间的最基本因素。政府、企业(市场)、社会力量等掌握权力的治理主体之间的权力关系在特定空间内展开,也介入空间生产赋予空间特定的意义,空间则反过来维持权力关系。城市空间治理是指通过政府、企业、社会、市民等不同主体在空间生产及其权益分配层面上实现城市发展、解决城市问题的过程。

城市治理能力和水平是国家治理体系和治理能力现代化建设的重要组成部分。城市的高效运转离不开城市治理体系的不断改进。随着物联网、云计算、大数据、人工智能、区块链等技术的迭代发展,数字技术赋能城市治理成为新时代城市发展的必经之路。新时代下城市治理产生的迫切需求是数字技术在城市中得以广泛应用的内生动力。目前,数字技术已在交通治理、空间治理、应急治理等多个层面得到了深度应用。数字化时代背景下,治理模式、治理理念和治理手段的转型是必然。

数字化空间治理旨在建立"用数据说话、用数据决策、用数据管理、用数据创新"的新空间治理范式。具体而言,数字化空间治理将"空间"作为治理对象,以实现物理空间到数字空间的映射,而相关政府部门作为治理主体,需要利用数字技术重塑组织架构和理念,并发展相应的数字化空间治理手段和工具。

城市数字空间治理也要坚持以人为本的核心思想,注重公共利益和社会需求导向下人对城市空间的需求,建立人本逻辑下的空间价值和秩序。这要求数字化空间治理建立全域、全要素、全过程的数字化管理平台和系统,实施科学的空间规划和决策、精准的空间监测和评估、有效的资本空间引导、公平的社会主体空间权益协调,并结合整体底线、短期长期等思维,合理配置空间资源,形成具有空间效率、空间正义和空间权益均衡价值的良善空间秩序。

2. 全域、全要素的三维空间治理数据库

数字化空间治理体系首先需要构建覆盖全域、全要素的三维空间治理数据库,对三维数字空间进行全方位描述,从而为空间治理提供数字化支撑。全域指覆盖陆地、水域、领空的立体空间,也指涵盖城镇空间、农业空间与生态空间等不同属性的全域空间。全要素统筹山、水、林、田、湖、草等自然资源,同时又融合人、车、路、地、房等社会要素。三维数字空间,根据"上海数慧"的定义,是指对三维物理世界的实体要素和运行规则所进行的数字化,并赋予该数字化空间相应的分析和计算能力,以支持规划和决策。由此可见,三维数字空间不仅包括地上、地面、地下统一的数据本身,也包括多源空间数据要素间的关系以及数字化智能化分析决策的规则。

具体来说,空间治理数据库需要首先汇聚覆盖全域全要素的多源数据,构建数据湖。数据湖包括国土资源调查和地理测绘为基础的自然资源现状数据、国土规划和其他相关规划的数据、管理类的不动产和资源权属数据,以及社会经济大数据等,并以统一的时空体系和测绘标准,对数据进行关联衔接,从而构建全域全要素三维空间数据库,形成自然资源一张蓝图。

该数据库还应包含要素的数字谱系和空间拓扑关系。通过对不同尺度的空间进行逐级拆解,对其中的空间要素建立数字档案和属性关联,形成数字谱系。同时对不同要素的空间拓扑关系和管控开发规则进行数字化转译,构建可以存储这些空间关系的地理信息数据库(Geodatabase)。最后,借助大数据、人工智能、地理信息系统(GIS)、城市信息模型(CIM)、建筑信息模型(BIM)等技术,开发通用分析工具,实现空间治理中规划、开发、审批、监管、分析决策等多元化业务的科学化、精细化和智能化。这实现了从原始性数据湖到描述性指标体系和智慧化空间算法的转变提升。

3. 全生命周期、多业务协同的空间治理数字化平台

空间治理也强调全生命周期和多业务协同的数字化平台开发。全生命周期指国土空间规划编制、实施、监测评估的全过程。多业务协同则要求在全过程中的空间规划、用途管制、开发利用、监测评估等需基于统一的管控体系和业务平台。

空间治理业务涉及不同的项目阶段,相应的数字化手段也应服务于全生命周期,开发不同的应用模块。例如国土空间规划在前期调研和编制阶段,数据收集和分析是主要任务。这要求平台应具有充分运用大数据技术和空间分析技术的能力,对海量多源异构的空间大数据、流数据、社会经济数据等进行融合匹配,并提供相应的数据分析工具,包括叠加分析、缓冲区分析、核密度分析、热点分析、空

间聚类分析、空间相关性分析等。同时，平台还提供相应的专题分析功能，在交通路网分析、环境适宜性分析、资源承载力分析、产业空间布局分析、土地利用综合评价分析等不同领域开发专题分析模块，为空间规划编制提供依据。

在规划实施阶段，空间治理的主要任务则在管制，以保证各项规划可以按照要求实施以及各个项目可以按照规定落地。因此，空间治理数字化平台还应包括用途管制分析、合规性分析、项目选址审批分析等实施阶段的空间治理工具。后期的监测评估也是空间治理重要的一环。基于高分遥感卫星、人工智能图像解译、物联网、传感器等技术实现对国土空间的动态监测、及时预警和立体管控。监测结果也为空间治理的评估提供信息化支撑，更好地服务于空间治理优化。

全生命周期的空间治理平台需要实现多业务的协同。在集成全域全要素资源、构建自然资源一张图的基础上，打造纵向贯通与横向协同的数据治理体系，并保证不同部门在不同业务中按照统一的数据标准和工作底板进行分析、规划、治理、监测、评估等。同时，数字化空间治理平台为不同用户提供数据调用、分析模块调用、专题分析调用等多元化的服务接口（API），并实现不同功能模块之间的交叉使用，实现多场景多业务协同。

覆盖全域全要素、全生命周期的空间治理数据库及其平台将为自然资源规划等相关部门提供统一、全面、准确的数据底板、多业务协同的应用分析决策模块和技术保障,充分助力国土空间治理体系和治理能力现代化。

(二)数字化空间治理与空间高质量发展

1. 优化提升土地利用效率

国务院在《关于深入推进新型城镇化建设的若干意见》中明确了低效用地再开发是新型城镇化建设的重要举措,要求建立城镇低效用地再开发激励机制,坚定和明确了存量土地再开发的方向。《中共中央国务院关于新时代加快完善社会主义市场经济体制的意见》提出,要完善城镇建设用地价格形成机制和存量土地盘活利用政策,推动实施城镇低效用地再开发。近年来,全国各地积极响应国家要求,结合当地实际激活存量用地。据自然资源部最新数据显示,2018 年和 2019 年,全国消化存量土地近 900 万亩,相当于 2019 年新增建设用地指标的 1.8 倍。

2017 年,浙江省在全国首推"标准地"改革。"标准地"是指在完成区域能评、规划环评等区域评估的基础上,带着固定资产投资强度、亩均税收、单位能耗标准、单位排放标准、容积率等指标出让的国有建设用地。2019 年,浙江省率先推出"标准地"数字地图,旨在消除土地供需双方信息不对等的问题,面向全社会公开透明地提供各地工业项目"标准地"准入要求、出让信息、政策规划等服务,推进土地资源和项目资源精准对接、高效配置。依托该平台,既可以实现"标准地"项目全生命周期的监管,使每一宗"标准地"都充分发挥出经济及社会效益,也可以通过解决区域评估线下管理分散、信息查询不便的问题,实现全省区域评估管理"一盘棋"。此外,利用大数据技术,可以对未来固定资产投资走势和经济运行态势进行研判预测,并进行相应的优化修正。

浙江省德清县结合县域空间治理数字化平台,进一步推行县域空间治理指标熵(综合指标体系)的建立,旨在提升土地利用效率,促进空间均衡发展。指标熵除了对基本空间指标进行监测,其中的工业土地项目评价及"标准地"全生命周期指标熵,则为土地的集约节约利用和重大项目布局提供智慧决策依据。在工业土地项目评价中,深入推进德清"标准地"改革,结合城市体检评估指标,不断完善"标准地"的规划建设标准、能耗标准、污染排放标准、产业导向标准、单位产出标准、区域带动标准等相关指标体系,对既有和新增项目进行评价、打分、全生命周期管理,并给出对应的土地利用优化意见。

在重大项目选址中,基于区位条件、产业关联、项目前期成本、人力资源供给、调规难度、规划控制等多源大数据,结合空间选址等算法,实现不同目标约束场景下的选址优化方案建议,实现自动化、科学化和智慧化的项目选址。其他地市也进行了相关多源数据库和多业务协同平台的建设。杭州市搭建的国土空间基础信息平台，在综合国土空间现状数据、规划数据及其他业务系统数据的基础上，提供了数据服务和功能分析两大模块。宁波积极推进的市域空间治理数字化平台，汇集地理、经济、社会、空间规划等数据，形成"全时空"数据库，并开发了地理信息、社会经济等分析工具。这些平台建设都为土地利用评估和决策提供了数据基础和技术支持。

此外，坚持底线思维和红线意识是当今时代下实现空间协调发展的基本理念，统筹划定落实"三条控制线"是土地空间合理布局的基础。"三条控制线"即生态保护红线、永久基本农田、城镇开发边界。过去，"三条控制线"由不同部门划定，因而导致了空间上交叉重叠难以落地、规范管理困难等问题。针对这一难题，在浙江省新一轮国土空间规划中，明确规定了要统一规划底图、数据标准、平台管理、工作进度，并积极引入数字化的手段，将"三条控制线"纳入"国土空间规划实施监管信息系统"、省域空间治理数字化平台和国土空间基础信息平台，形成"一张底图"，实现部门间数据信息资源的协同共享。

2. 加强生态环境保护修复

利用数字化手段，助力生态环境保护和修复，有助于实现人与自然和谐共生,夯实生态底盘,构筑生态韧性。

在生态环境保护方面,构建数字化的生态环境保护信息平台可以有效提升对各生态要素状况的实施监测,以及对生态违法违规行为的及时处理。从市域层面来看,为打造数字化治理"生态样板",浙江省嘉兴市已正式启动生态环境"云管嘉"建设。"云管嘉"构建了"369"的体系架构,即"一图一码一指数"的三大系统、六大平台以及九大应用。"一图一码一指数"三大系统从宏观层面引领嘉兴生态治理;六大平台作为三大系统的有力支撑,通过传感设备实时感知生态环境数据并进行归集,可以对排污企业进行精准管控,实现环保业务的智慧化办理以及生态环境信息的全面收集;九大应用则实现了"云管嘉"的立体式多维度场景应用。

在生态环境修复方面,以生态环境修复工程项目数据信息为基础,形成生态环境修复工程项目库,可以有效地促进对生态修复项目的全过程、精细化动态监管,并对修复效果进行科学化评估。自2020年5月以来,浙江省国土空间生态修复项目监管系统已逐渐在各试点区县推广应用,该系统通过打造"一套规划图、一套指标库、一套模型库、一套工作流",为土地业务下乡村全域整治项目、建设用地复垦项目、矿山生态修复项目、山水林田湖草生态保护修复项目等提供了坚实的平台、技术和数据支撑,确保省、市、县各地区生态修复工作的有序开展和规范运作。此外,在矿山区域的修复保护上,高光谱遥感数据则可以对矿山的环境要素进行精准识别,并对矿山环境变化进行快速分析,为矿山的环境污染治理提出合理化建议。

就污染治理而言,通过云计算、多源异构数据同化、多尺度数据耦合等大数据技术,可以对环境污染及其相关数据进行综合分析,及时准确地发现各种污染的根源,实现对污染过程和污染物的精准识别,并以此为依据来区分环境污染事件的轻重缓急,助力综合高效治污。聚焦污染防治,上海市生态环境局、气象局等联合共建了生态环境大数据平台,为大气污染防治、企业污染管控提供坚实支撑。该大数据平台突出能力有二,一是在于其可以对污染源进行全方位的"精准画像",形成污染源信息基础库,协助环境污染治理更精准定位定向;二是该平台可以加强污染事前预防,基于对已知污染源的所有信息,平台将给出对该污染源进行精准治理的决策建议。

3. 实时动态监测国土资源

随着人类对地观测进入高分时代,综合利用高分遥感技术,可以有效提升政府对国土空间资源实时动态的全方位精准监测。

根据《自然资源部卫星遥感应用报告(2019)》,高分遥感技术的应用系统地梳理出了长江干流主要矿山的环境问题,为长江经济带矿产资源开发保护、高质量发展提供了科学依据。

在促进集约化的土地资源开发利用上,我国许多地区利用多源遥感影像数据对低效用地、闲置土地、住宅用地等开展了识别、监测和分析工作，显著地提升了土地开发利用质量，为存量土地的高效规划利用提供了信息支撑。此外，综合利用高分遥感数据以及地理信息系统(GIS)、全球定位系统(GPS)数据，有关部门可以对土地利用状态进行动态监测，大大提升了土地利用方面执法检查的效率、精度和及时性。

在涉农建筑和耕地保护上，目前，浙江省德清县依托浙江大学高分中心，正在实施对涉农建筑和耕地进行数字化监管。该项目将建立涉农建筑的"一户一档"数据库，同时协同自然资源、规划、住建、城管多部门，实现精细化监管和联动应急指挥，对违法用地及时监测和查处并对基本农田和耕地进行保护。同时，德清县为进一步提高耕地效率和质量，也对耕地的相关空间基础信息进行监测，包括耕地保有量、耕地面积、永久基本农田等，并结合农业、企业、水资源等高分影像数据，掌握不同区域、不同环境、不同利用方式下的耕地质量的变化特征和规律。对耕地质量的长期监测、精准评价与提前预警可以提高耕地质量，保障粮食安全，实现农业可持续发展。

环境保护基础信息监测也离不开高分遥感，包括山、林、草、湿地、自然保护区等的监测、污染源的调查与监测、植被覆盖均值、归一化植被指数(NDVI)等指数的监测、生态红线监测、扬尘监测、垃圾监测等。德清县也正在计划利用浙江大学高分遥感数据，并结合AI影像解译技术，对城市化中生态格局演变规律及其生态效应进行监测识别和分析,旨在推进生态环境整治与修复,实现可持续发展。

4. 智慧赋能资源管理决策

资源约束趋紧已成为制约我国经济持续高速发展的一大阻碍,各区域面临着不同类型、不同程度的资源匮乏问题。利用数字化技术来对自然资源资产进行数字化监管、实现资源的科学化和集约化利用是新时代生态文明建设背景下的大势所趋,也是我国走向高质量发展的必经之路。

为实现对土地、林木和水资源等的数字化管理,自然资源资产负债表的编制是一个有效途径,其可以对自然资源的价值进行定量化评估和表达,有助于摸清生态家底,为促进空间资源的有效保护、合理开发和永续利用提供基础信息支撑。江苏省于2017年在无锡宜兴市、南通如皋市、淮安洪泽县开展了自然资源资产负债表编制的试点工作。2017年4月,宜兴市完成了苏南地区首个自然资产负债表的编制。该表格在内容上充分展现了宜兴市的自然资源存量资产、格局和生态功能的需求实际状况,量化地展现了宜兴市林木资源、森林资源、水资源等资源的状态变化趋势,分析结果也可以用于支撑未来宜兴市关于开展生态资源利用的决策。

自然资源信息化管理平台是数字化在空间治理中的重要应用,为自然资源的开发和管理提供依据。瑞安市紧紧围绕"一中心、一

五、数字空间治理

平台、三体系(1+1+3)"的顶层设计理念,建成了浙江省首个自然资源决策监管数据平台。该平台囊括市内地下至地上的自然资源空间基础数据,并为用户提供相关智慧服务。平台清晰展示全市国土空间利用现状及各地块详细信息,并建立量化的指标体系,以"用数据说话"的方式为决策者和管理者提供依据。安吉县则打造具有"大集中""大共享""大提升"三大特性的自然资源一体化管理信息系统,集成全域全要素的自然资源空间数据,为空间治理决策和管理提供空间底图和蓝图。同时,该平台集中各类业务管理,实现了安吉县自然资源的全周期智慧管控。农业资源方面,上海市建有农业 GIS 系统,提供农业地理信息和相关公共服务,实现了农业农村空间资源"一张图"和"一网管全程、一库汇所有"的农业资源信息化管理目标,推动农业空间数字化治理。

(三)空间治理数字化助推长三角一体化

随着长三角区域一体化发展上升为国家战略,长三角区域进入一个新的历史发展阶段,也对长三角区域空间治理体系和治理能力现代化提出了更高要求。空间一体化是区域一体化最直观的体现。数字化浪潮下,如何更好地运用数字技术赋能空间治理,提升国土空间规划的前瞻性、科学性和可操作性,促进空间一体化进程,成为了推动长三角一体化发展和空间高质量发展亟待解决的重大议题。

1. 构建区域一体化的空间信息资源数据库

构建并完善区域一体化的空间基础数据体系是开展一系列区域空间治理工作、统筹区域经济发展和区域环境保护等工作的基石。空间信息资源数据的搜集是建立在长三角区域一体化的目标下,为长三角区域协同规划提供平台和技术支撑。因此,这样的区域一体化空间数据库,不仅可以客观反映出区域资源环境承载力的实际水平,并且可以有针对性地增强区域内不同主体协同规划的科学性和合理性,使长三角区域可以从空间治理的视角谋求最佳空间格局发展,形成从小空间、中空间到大空间的区域协调布局,实现空间的高质量发展。

构建区域一体化空间信息数据资源库,首先要实现区域内空间要素的数字化。具体是指利用数字科技在虚拟空间中完成对实体规划空间和要素的精准映射,并通过物联网和传感技术对各类要素进行全方位互联和实时感知。基于此形成包含要素现状数据、规划数据、建设数据、管理数据等在内的空间基础信息资源库。**其次要理清数据关系。**建立全域统一的数据资源目录体系,统一包括空间基准、数据格式在内的数据入库标准体系以及数据更新管理规范和使用规范,来规范区域内国土空间数据的归集和应用。**最后要进一步消除数据资源跨行政区使用、流通和存储的壁垒。**以统一的数据资源库为基础,加强区域范围内数据的共治共享和互联互通,实现区域数据资源体系的一体化。

2. 促进科学智慧的区域性空间规划编制

国土空间规划是空间治理和谋划新时代空间发展的战略性、基础性、制度性工具,是实现区域"规划治理一体化"的核心决策和管理依据。长三角地区应形成区域规划联盟,树立空间效率、空间正义、空间权益均衡、空间协调、空间可持续的共同目标,坚持战略引领、底线管控、全方位协同的基本原则,系统科学地编制区域空间规划和专项空间规划。同时以一张蓝图作为共同行动指引,推动长三角地区尽快形成"总量锁定、增量递减、存量优化、流量增效、质量提高"的新型空间管制模式,促进区域空间布局优化、空间资源合理配置、主体功能定位清晰、空间政策高效实施。

数字化时代下区域空间规划的编制,离不开数字科技的助力。基于汇集的区域空间信息大数据进行数据分析、规律挖掘、现状评估等,可以精准反映区域内空间资源配置的合理程度,为空间规划编制提供更科学、更精确的量化支撑。更为重要的是,随着机器学习、人工智能、动态模型仿真、微观智能主体模拟等算法的不断发展,一系列智慧化的分析工具也被开发出来,赋能空间规划编制。因此,区域性的智慧化工具也亟待开发,不仅使规划师可以实现空间规划编制内容(要素、规则、流程、指标和模型等)的数字化转译和智能化分析处理,而且可以破解过去规划内容跨层级和行政区划传递中带来的准确度不足问题,实现规划要素的精准传导,实现区域空间规划的协同。

3. 建设跨层级跨行政区划的空间治理智慧化平台

区域性空间规划的实施、监督、评估、公众参与等都需要与之匹配的数字化抓手。因此,跨层级跨行政区划的空间治理智慧化平台的建立显得尤为重要。该平台应以资源利用、环境保护、土地开发、区域交通、公共服务等为重点,实现区域内空间各项行为活动的实时评估调度、自然资源状态的动态监测管控、污染排放的全面感知监管、环境风险的实时预警应对等。基于云计算、大数据、人工智能等新型技术,该平台将实现智能化决策,提升空间治理和日常监管效率。

此外,该平台的建立也有利于构建区域多元主体协同治理体系。通过纵横连接、数据共享、信息公开,空间治理智慧化平台将促进各地区各层级部门之间的互联互通,加强协同合作。同时,除了协调各地区各部门的利益和目标,智慧化平台也将为多元主体参与提供便捷有效的数字化途径,促进政企合作,加强政府与社会的良性互动,从而综合多方利益,建立共建共治的空间治理新模式。

4. 构建区域一体化空间治理指标体系

2019 年,中共中央、国务院《关于建立国土空间规划体系并监督实施的若干意见》提出,"按照'多规合一'要求,构建统一的国土空间规划技术标准体系","制定各级各类国土空间规划编制办法和技术规程"。长三角区域国土空间规划的各个环节、各种类型、各个层级的规划编制和实施都需相应的技术标准来支撑和保障。空间治理指标体系是空间规划技术标准中重要一环,不仅为空间治理工作指明相应的目标、领域和措施,更是评估空间治理效能的重要数字化依据。

构建科学合理的区域空间治理指标体系要从以下几个层面进行努力:**一是注重指标与规划内容的关联性。**指标是对目标和策略的具体量化,须与规划内容中的具体策略形成前后关联的逻辑关系。**二是囊括多元、多维、多类型的指标。**要对区域空间治理对象进行综合分析,包括其对自然、社会和经济产生的影响,然后基于精确的数据分析结果进一步进行分类、筛选与量化,从而选取出全面、实操性强的指标。**三是要注重指标体系的空间层级。**要注意明确区域内分类型、分层级空间治理的重点内容,兼顾区域普遍性和地方特殊性,构建形成上下贯通、左右衔接紧密、结构合理、实操性强的指标体系。统一的指标体系可以更好地推进长三角区域各地区按照统一的目标、方向和标准来推进空间治理工作,实现区域空间的高质量发展。

5.加强数字化空间治理示范区建设

以构建区域生命共同体、利益共同体为目标,在区域内选取合适的地域范围建立数字化空间治理示范区,全面推动与空间规划、空间治理有关的国家战略和长三角区域性战略的落地实施,以示范试点推动全域空间治理一体化。

一方面,要强化数字技术在示范区内的应用。结合示范区内空间治理信息化基础和实际需求,在数字技术的应用方面先试先行,使要素需求和要素供给得到精准匹配,空间开发和空间保护更好协调。聚焦于智慧化分析和辅助决策工具的开发创新,加强示范区数字化治理经验的积累。

另一方面,要加强区域空间治理的体制机制创新和推广。建立一体化的区域性组织,负责区域内空间规划编制、实施、评估以及统一标准的制定,并对区域规划的实施进行监督,同时为跨行政区划的基础设施建设、重大项目合作共建、公共服务设施资源共享提供组织保障。建立健全区域性立法和执法工作协同机制,加强在空间治理标准体系、法律法规等方面的探索,有关成果实现先试点再推广。完善与协同创新有关的各类机制,如创新人才制度和创新激励机制等,鼓励开展各种科技创新示范活动,并建设完善空间治理领域的科技创新平台,加快空间治理科研和示范推广。

数字化空间治理,是新时代背景下国土空间规划、国土空间治理和数字化技术的融合创新,更是治理思维和模式的突破性变革。在生态文明建设如火如荼的时代背景下,开展数字化空间治理有助于明确生态空间约束,形成合理的国土空间开发保护格局,并构建人类生命和利益的共同体。区域一体化进程的推进则给空间治理增加了多维度、全方位的协同工作要求,空间治理不再是单个城市或地区的独立议题。尤其是长三角作为国家实施区域协调发展战略的重点区域,更需秉持整体协同、开放创新、数字赋能、示范先行的理念,进行区域一体化的空间治理,加速推进一体化进程。

六、数字服务创新

(一)数字服务概述

"服务"是为了满足消费主体精神或物质需求,提供客体依托载体而为消费主体提供的无形、有价值的交互行为及过程。人类能力和期望的不匹配,导致服务在人类社会长期存在,服务业是提供服务的产业形态。传统服务业指为人们日常生活提供各种服务的行业,如餐饮业、旅游业等,这些产业历史悠久,是第三产业的重要组成部分。信息技术的发展和深入应用赋能国民经济、社会发展各行业,服务业也不例外,其正在与信息技术深度融合,创新孵化层出不穷的服务新业态、新模式。作为 IT 技术应用、IT 与服务业深度融合的产物,数字服务近年来得到了快速发展,成为我国数据经济中最为活跃的一部分。但数字服务尚无明确的定义,狭义的理解,认为数字服务是基于数据的服务(data as a service,DAAS);广义的理解,认为数字服务是数字化的服务业。我们认为**数字服务是指依托信息技术和现代管理理念发展起来的可通过网络手段提供的服务,包括随信息技术高速发展而产生的数据、计算、安全等网络服务,服务业通过信息技术改造升级和数字赋能而形成的在线服务,以及信息技术与传统产业融合产生的新型网络化融合服务业态。**数字服务基于网络手段、通过数字化的知识与信息的"识别—选择—过滤—存储—使用",引导、实现服务的快速互联触达、资源的优化配置与再生,实现服务经济高质量发展。

1. 数字服务分类及典型服务

服务业在人类社会中产生久远,但其分类标准在学术界上并未达成一致。1970 年,卡托茨亚(M. A. Katouzian)提出了"三分法",将服务业分成了新兴服务业、补充服务业以及传统服务业三类。1978 年,辛格曼(Singelman)则结合了服务的性质与功能特征将服务业分为流通服务、生产者服务、社会服务以及个人服务四类。欧盟经济活动统计分类标准(NACE)、北美产业分类体系(NAICS)以及联合国国际标准行业分类(ISIC)等分类体系标准则作为国际标准或地区标准施行。在我国,根据《三次产业划分规定(2012)》修订版以及《国民经济行业分类》,服务业可被分为:农林牧渔服务业;交通运输、仓储和邮政业;信息传输、计算机服务和软件业;批发和零售业;住宿和餐饮业;金融业;房地产业;租赁服务业;科学研究、技术服务和地质勘查业;水利、环境和公共设施管理业;居民服务和其他服务业;教育;卫生、社会保障和社会福利业;文化、体育和娱乐业;以及公共管理和社会组织、国际组织在内的共 15 类。

作为一种新的产业形态,数字服务国际上也尚无明确和统一的分类方法。根据服务的对象类型,我们认为数字服务可分为数字生活服务、数字生产服务、数字公共服务以及数字基础服务。数字生活服务指的是利用数字化技术,对生活服务业进行转型升级,实现餐饮、出行、文旅、购物等生活服务场景的数字化,是主要面向个人消费者的服务。数字生产服务则是在云计算、物联网、大数据等技术的支持下,实现生产环境、生产过程以及生产系统数字化的服务,主要为企业或者机构提供服务。数字公共服务则利用现代数字技术构建在线服务平台,公平、高效、便捷地为消费者提供医疗、教育、交通和就业等方面的公共服务。数字基础服务则是指用计算机和通信网络等数字技术对信息进行生产、收集、处理、加工、存储、传输、检索和利用,从而向社会提供的信息服务和通信服务,包括云服务、位置服务、安全服务、AI服务、遥感服务以及5G服务等。数字基础服务的服务对象更多样化,可以是政府、企业,也可以是个人或者终端设备等(见图1)。

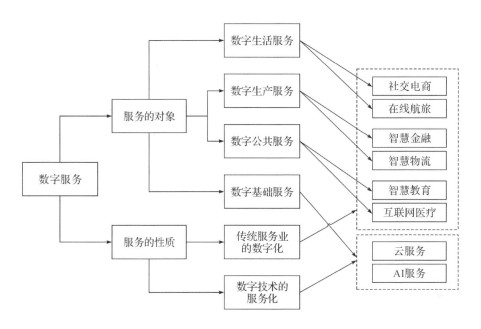

图 1　数字服务分类及典型服务

根据服务的性质,数字服务可分为传统服务业的数字化以及数字技术的服务化两个大类。传统服务业的数字化是以智慧教育、智慧金融以及智慧物流等为代表的传统服务业结合信息技术完成转型升级的服务。而传统服务业则是相对于现代服务业而言的,其目的主要在于满足社会生产生活的基本需求,本质上是劳动密集型服务。因而传统服务业的数字化主要是对传统生活服务、生产服务以及公共服务的数字化。数字技术的服务化则是基于信息技术产业化衍生的服务,包括通信服务、AI服务以及信息安全服务等。数字技术的服务化是随着现代服务业的兴起而开始发展的,是传统服务业数字化的服务支撑,而传统服务业数字化的不断成熟也对数字技术服务化提出了新的需求。因而,数字技术的服务化与传统服务业的数字化这两大类在发展过程中是相互促进、相互依存的关系。

(1)数字生活服务

在日常生活领域,数字生活服务已覆盖了衣食住行的方方面面。在线航旅服务极大地方便了人们的出行,携程、飞猪和同程等在线航旅平台向消费者提供了个性化、智能化的比价、预订和在线支付等一站式服务。消费者无须再到线下旅行社或者售票处咨询信息或者订票,且凭借大数据技术与人工智能技术,在线航旅平台向消费者提供智能化的酒店推荐、景点推荐以及美食推荐等服务,节约了消费者的时间,优化了服务体验,解决了消费者因信息获取效率低、渠道少而面临的信息不对称问题。电子商务的不断发展使得人们的日常消费更加便捷,移动支付、个性化推荐等技术的成熟带来了以新零售为代表的电商服务新业态,它兼顾线上服务与线下体验,颠覆了传统的线下消费形式。近几年兴起的扫码点餐服务则实现了线上点餐与线上支付功能,不仅减少了餐厅的人力成本,同时向消费者提供了更高效的服务体验。

(2)数字生产服务

社会生产服务的各个领域更是在积极拥抱数字技术,大力推动产业数字化转型,在金融、研发设计、物流、供应链等多个环节改造优化服务流程,最大化数字技术对生产服务业的赋能作用。智慧金融(smart finance)是建立在金融物联网基础上,"金融云"使金融行业在业务流程、业务开拓和客户服务等方面得到全面的智慧提升,实现金融业务、管理、安防的智慧化。不同的金融服务机构在这个生态网络中相互协同,向用户提供无缝体验的一站式金融服务。目前,金融领域的各类机构都在积极推动智慧金融的建设,中国工商银行在2018年启动了智慧银行信息系统(ECOS)的建设,中国人寿则致力于建设包括"慧学""慧听"与"慧眼"为核心的"国寿大脑"平台。智慧物流则是以物联网和大数据为依托,通过协同共享创新模式和人工智能先进技术,重塑产业分工,再造产业结构,构建产业发展方式的新生态。该生态将仓储、运输、配送等服务整合在一起,生态中的各个服务提供者相互合作,共享物流基础设施,通过提高物流资源使用率来降低成本,有利于供应链上下游进行更有效的协同,从而提升整个产业链的服务效率。

(3)数字公共服务

随着治理现代化工程的深入推进,数字公共服务领域创新活跃。"城市大脑"通过各类终端收集城市建设与运转的数据,根据大数据统计分析结果,对城市进行全域的即时分析、指挥、调动、管理,从而提高城市的运行效率,解决城市运行中面临的复杂问题。"最多跑一次"在浙江首次提出,以电子印章、大数据、物联网、云计算等技术为支撑来打破信息孤岛、实现部门政务信息联通共用,采用"在线咨询、网上申请、快递送达"的办理模式,借助自助服务终端努力实现让群众或者企业"最多跑一次"即完成事务办理。互联网医疗是以互联网为载体、以信息技术为手段与传统医疗健康服务深度融合而形成的一种新型医疗健康服务业态的总称。互联网医疗通过重新配置医疗资源来重构服务流程,向消费者交付预约挂号、在线问诊、健康教育等在线医疗健康服务,减少地域限制,提高服务效率,进而实现普惠医疗。互联网医疗正在全球多个地区、多个国家蓬勃发展,成为未来医疗行业发展的主要方向之一。

(4)数字基础服务

一方面数字新基建发挥效能与作用,要为需求方提供服务,形成数字基础服务;另一方面数字生产服务、数字生活服务以及数字公共服务的实现与运维,都需要数字基础服务的支撑,这牵引数字基础服务的发展。数字基础服务,即基于数字基础设施提供的直接数字服务,包括云服务、AI服务、定位服务、安全服务、5G网络服务等。云服务指通过网络提供的云端计算服务,包括基础设施即服务(IaaS)、平台即服务(PaaS)、软件即服务(SaaS)以及数据即服务(DaaS)。随着AI技术的不断发展,AI赋能应用,AI服务体系快速形成,如亚马逊公司提供AI服务、AI平台以及AI基础设施,百度也开放了全栈的AI能力,成为提升各行业智能化水平的引擎。位置服务也称定位服务,是指通过移动通信网络或全球卫星定位系统等手段获取终端用户的位置信息,之后利用位置信息为用户提供各种各样的增值服务,成为移动互联网领域的基础应用。

2. 数字服务技术、贸易与治理

(1)数字服务技术体系

一个产业的快速发展源于技术的创新与驱动,数字服务是技术创新、集成创新、制度创新、组织创新等多方面的综合创新应用,相关技术包括信息技术、现代管理技术、服务科学技术与领域技术,其中服务科学技术是数字服务的核心技术与特有技术,主要研究数字服务系统如何设计、仿真、构造、运维与治理的科学与技术,包括数字服务的科学与机理、设计与计算、工程与工具、监管与保障、运作与管理五个方面。数字服务的科学与机理,研究数字服务的服务模型、运作机理、演化方式、变化特征、生态理论等本质科学规律,揭示数字服务经济运作的本质规律和科学机理。数字服务设计与计算技术,研究覆盖服务全生命周期的设计、定量分析和仿真方法,建立相关的理论模型、设计方法论和成套设计支撑工具。数字服务工程与工具,主要研究包括传统服务的数字化技术以及数字服务实施的工程方法,为数字服务的开发、运行、维护提供理论支撑和技术保障。数字服务监管与保障技术,主要研究数字服务的监管、信誉、安全、质量管理等技术,为第三方监管机构提供监管技术与手段,以支撑营造良好的数字服务经济环境。数字服务运作和管理技术,主要研究数字服务的运作、分析、评价、管理等方法,通过挖掘数字服务经济的运行内在规律,智能调整服务生态系统的运作管理策略,建立对数字服务经济管理的完善方法和理论体系。

(2)数字服务贸易与服务税

数字服务改变了传统服务的生产方式与交付方法,同时也为服务贸易提供了全新内容与选择。数字服务贸易是服务贸易领域中的新业态,且其规模正在不断扩大。经济合作与发展组织(Organization for Economic Co-operation and Development,简称经合组织)在2019年将数字服务贸易定义为"通过电子网络提供的服务",针对该定义,经合组织从交付方式、产品和参与方三个维度构建了数字服务贸易的统计框架,从交付方式来看,数字服务贸易包含数字化下单、数字化交易和交易平台;从产品角度来看,数字服务贸易包含传统服务和信息数据服务;数字服务贸易的参与方包括政府、企业和个人。数字服务贸易的快速增长,为全球服务贸易注入了新的动能。2008—2018 年,全球数字服务贸易出口规模从18379.9 亿美元增长到 29314.0 亿美元,增长近 60%,在服务贸易出口中的占比从 45.66% 增长到 50.15%。

交易和贸易必然带来税务问题,作为全球经济发展的新引擎,数字服务创造出来的巨大经济价值对基于传统经济模式构建的全球税收体系形成了巨大的冲击和挑战,数字服务税应运而生,并拟成为数字服务治理与监管的重要手段。2018 年 3 月 21 日,欧盟委员会发布了两项提案,提出数字服务征税的新方式,依据这项提案,任何一个欧盟成员国均可对境内发生的互联网业务所产生的利润征税。2019 年 3 月,法国财政部部长布鲁诺·勒梅尔向政府提交征收数字税的法律草案;7 月 11 日,法国参议院通过了数字税法案;8 月 26 日,2019 七国集团峰会在法国的比亚里茨落幕,法国就数字服务税征收问题与美国达成协议,法国成为在欧洲地区第一个实施数字服务税的国家。2020 年 4 月 1 日,英国正式对数字服务(例如搜索和广告)的收入征收 2% 的数字服务税,该税将适用于全球销售额超过 5 亿英镑且其中至少有 2500 万英镑销售额来自英国用户的公司。截至 2020 年 6 月,欧盟已有 14 个成员国开始实施,或表示支持和考虑数字服务税。然而,各国对数字税的立场并不一致。2020 年 6 月 2 日,美国贸易代表办公室宣布:将针对奥地利、巴西、捷克、印度、印度尼西亚、意大利、西班牙、土耳其和英国等国已经开征或建议开征的数字服务税进行"301 条款调查"。作为数

字服务的大国,我国也开始了对国内数字税的讨论。2020年,全国
政协委员丁磊就向两会提交了数字税相关提案。2021年3月,中
国民主促进会中央委员会建议加快"数字税"立法工作,并完善相关
税收配套政策。中国财政科学研究院院长刘尚希认为,"随着数字
经济的发展壮大,税收与税源背离问题加剧,各国都在探讨数字税
的问题,我国也需要摸索基于数字化的新税制"。

(3)数字服务治理与管理

近年来,数字服务发展迅速、规模庞大,宏观上如何引导其规
范、有序、健康发展,微观上如何对提供数字服务的企业及服务生态
体系进行高效管理,以提高服务生态体系运作效能,这些都是数字
服务面临的问题。

在宏观治理层面,2016年12月15日,欧盟委员会公布了《数
字服务法案》与《数字市场法案》,前者针对的是平台治理问题,旨在
创造更加安全的数字空间,使所有数字服务用户的基本权利都能得
到保障;后者针对的是平台竞争问题,致力于在欧盟单一市场和全
球范围内创造公平的竞争环境,以促进创新、发展和竞争。2020年
底发布的《中共中央关于制定国民经济和社会发展第十四个五年规
划和二〇三五年远景目标的建议》则明确提出要推进数字产业化和
产业数字化,建立数据资源的产权、交易流通、跨境传输和安全保护
等基础制度和标准规范。

在微观层面上,服务管理是一种涉及企业经营管理、生产运作、

组织理论和人力资源管理、质量管理学等学科领域的管理活动。阿尔布里奇(Albrecht)将服务管理定义为"一种将顾客感知服务质量作为企业经营第一驱动力的总体的组织方法"。服务管理的关键是服务的价值质量管理,汉斯凯特(Heskett)提出了"服务利润链"模型,说明了消费者感知到服务质量影响企业利润的过程;美国学者鲁斯特(Rust)则在其专著《服务质量收益》中讨论了服务质量与企业效益的关系。数字服务改变了传统的线下交付方式,线上交互流程在提高服务效率的同时,还可记录各个服务参与方的行为数据与服务执行的日志数据。这些行为数据与日志数据为价值质量的定量化计算提供了原始资料。通过大数据分析、用户画像等技术,服务提供者将更准确地把握消费者在交付过程中感知到的服务质量与价值。同时,线上的交付方式有利于服务提供者对交互过程进行全流程的自动化监控。通过对数字服务运行过程中响应性、安全性以及可靠性等指标的实时监控,服务提供者可以实时捕获到服务过程中的异常,从而快速做出反应,减少对消费者的感知质量与感知价值造成的影响。

(二)长三角数字服务现状

近年来数字服务发展提速,催生了电子商务、社交网络、信息服务、云计算、共享经济等一批新模式和新业态,迅速孵化世界领先的创新公司,如谷歌、脸书、亚马逊、苹果、Uber、Airbnb、Salesforce等。全球范围内,从空间布局上看,数字服务产业集聚现象显著,大都市成为发展"领头羊"。围绕数字服务、数字经济打造的知识城、科学城、智慧城、互联网创新集聚区、数字经济产业园等成为城市发展的新引擎,并带动数字经济科技成果加速转移转化,数字经济科技成果转化集聚区加速形成。以美国为例,其都市区贡献了国内生产总值的85%,提供了全国就业机会的84%和工作收入的88%。从生态体系上看,全球数字服务生态集聚现象和体系扩散效应突出,跨越国界,辐射全球。如亚马逊公司凭借先发优势,迅速整合商业、物流、支付等多项服务,成为美国第一大电子商务服务公司,而且市场优势遥遥领先,同时亚马逊也凭借其完善的服务体系,迅速实现海外扩展,占领了欧洲、日本、澳大利亚、韩国等主要发达国家和地区的市场。谷歌、雅虎、苹果、Uber、Salesforce等企业的数字服务,也具有上述特点,实现了这一战略发展和全球布局。国内数字服务领域出现了一批具有国际影响力的数字服务龙头企业,如阿里巴巴、腾讯、百度、京东、360、小米、网易、海康威视、拼多多、滴滴、快手、抖音等。据2019年5月长城战略咨询发布的数据,我国有202家独角兽企业,美国有176家。2015年全球十大互联网企业,我国已占4席。我国在移动电商、互联网云医院、互联网金融等领域也处于世界领先水平,阿里巴巴、腾讯、百度、京东、网易、拼多多等多家企业位列全球互联网企业前20位。从业态演化上来看,数字服务不断创新,新模式不断涌现,新业态不断演化。数字经济发展迅猛,平台经济、共享经济、O2O经济、体验经济等模式层出不穷。移动支付、无人值守超市、信用支付、社交电商、短视频、服务型制造、文化与科技融合等新场景和新业态持续创新。数字经济成为世界经济的重要组成部分,相应的产业创新体系由"线性创新"演化为"网络创新",科技创新进入密集活跃期,数字服务成为各个领域的重要支撑力量。

长三角区域是我国数字服务的领先区域,数字服务发展迅猛,主要呈现出以下几个特征。

1. 数字服务蓬勃发展,助力数字长三角一体化建设

长三角区域具有高度的创新活力,是我国数字服务发展的前沿阵地之一。根据《2020年长三角数字经济发展报告》,长三角区域数字经济总量达到8.6万亿元,占到全国数字经济的28%,占长三角地区生产总值规模的41%。在2019年全国城市数字经济综合排名中,前10位中有4席为长三角城市,分别为上海、杭州、宁波与无锡。2020年长三角数字经济发展水平总分为60.5,相比2019年提高了2.2分,区域数字经济水平不断提高,为数字服务提供了良好的发展环境。新零售、海淘、智能语音服务等数字服务不断发展,形成了具有全球影响力和品牌影响力的产业集群;产业互联网通过对产业链与价值链的重构,充分发挥数字技术的赋能作用,深化区域协作,提升区域整体数字化发展水平;从"一网通办"到"最多跑一

次",长三角区域目前已经实现 30 种企业事项、21 种个人事项可跨省办理,公共服务数字化正在从"城市通"向"区域通"升级,积极推动数字长三角一体化建设。

2.形成"一核五圈"网络化空间格局,区域协同打造数字增长带

长三角数字化建设以上海为中心,杭州、南京、合肥、宁波和苏锡常五大都市圈错位发展,共同推进三省一市的一体化发展格局。其中,上海积极推动工业互联网建设,已有近 3000 家大型企业开展工业互联网应用,形成了 15 个具有影响力的工业互联网平台,从而推动传统产业链数字化升级。浙江以"数字产业化,产业数字化"为主线,超前布局数字产业,大力推进电子商务、移动支付等数字服务的发展。安徽以"数字江淮"为建设目标,支持数字技术创新,积极建设智能语音等具有全球影响力的产业集群,推进人工智能龙头产业生态体系构建。江苏则致力于工业互联网、智能驾驶以及科技金融等数字服务,加快工业互联网核心和汇聚节点建设,积极布局新兴产业。三省一市在数字服务规划上,错位发展,优势互补,形成了"一核五圈"的空间格局,通过区域协同来打造数字增长带。

3. 新模式新业态不断涌现,加速创新数字服务新范式

数字长三角建设过程中,数字服务的发展孕育了许多创新的模式,孵化了许多与之对应的新业态。网易严选从挖掘消费需求出发,按需订制,全程参与把控工艺生产环节,为电子商务高质量发展提供了新的参考模式。新零售通过运用大数据、AI等先进技术手段,对商品的生产、流通与销售过程进行升级改造,进而重塑业态结构与生态圈,并对线上服务、线下体验以及现代物流进行深度融合的零售新模式。"最多跑一次"则以"一窗受理、集成服务、一次办结"为服务理念,提高政务服务效率,优化营商环境。这些新的模式与业态为数字服务的发展注入了新的内生活力,推动数字服务不断创新。数字服务的创新不仅需要技术创新,也需要服务模式的创新与产业业态的健康演化。不断涌现的新模式与新业态加速创新数字服务新范式,从而为长三角一体化发展提供了新的驱动力。

4. 生态集聚效应显现,形成具有全球影响力的产业集群

长三角产业互联网的建设加快了数字服务生态体系的成熟,扩大了服务业生态体系的聚集效应,加速推动数字长三角建设。安徽开展"建芯固屏强终端"行动,打造世界级人工智能及智能语

音产业集群,合肥的国家级产业基地"中国声谷"已成为我国 AI 服务产业开放性创新平台最密集的区域之一。南京凭借独特的软件信息服务业发展优势,以江北新区"两城一中心"为载体,打造千亿级数字金融产业集群。作为全球门户型城市的上海,则依托其海量的金融数据、丰富的金融应用场景,促进金融科技产业集群化发展与数字贸易国际枢纽港建设,积极建设具有全球竞争力的金融科技中心。浙江大力推动已有产业集群数字化转型,加快"415"产业集群建设,目前已形成年产值万亿级产业集群 3 个、千亿级 14 个、百亿级 200 多个。随着数字服务生态的不断成熟,长三角产业集群体量成倍扩大,为长三角一体化建设提供源源不断的内生动力。

(三)以服务为连接器,大力发展数字服务业

从产业角度看,数字服务正处在创新突破向跨越发展的重要转折期。数字服务是以新一代信息技术为核心的科技创新场景最广泛、应用最深入的领域之一,是新一轮科技革命的重要试验场和新兴业态的孵化器,大力发展数字服务业是促进我国经济结构调整和转型升级、赢得新经济竞争的关键,也是扩大就业、打造美好生活的要求。从现代化治理体系看,融合是构建现代化治理体系的关键目标之一,也是长三角一体化的主要目标之一。融合是全方位的,包

括治理体系融合、数据融合、服务融合、环境融合、交通融合等,相对于其他融合,服务具有轻量级的特点,这也使得服务成为一个高效的连接器,通过服务实现数据、治理体系、交通、环境等立体化的融合,大力发展数字服务,可加速推动长三角一体化融合进程,助力构建高效能、创新性的现代化治理体系。

1. 长三角数字服务未来发展趋势

数字服务已经成为数字经济的重要组成部分。在人工智能、万物互联、大数据、虚拟现实等前沿技术的驱动下,在生活、生产、公共服务等新需求的牵引下,在长三角一体化及大力发展数字经济浪潮的推动下,长三角区域未来数字服务呈现如下发展趋势。

(1)服务消费持续升级,从需求侧拉动数字服务快速发展

数字服务经过 20 余年的孵化和发展,已被普遍接受,未来面临数字服务持续升级的需求及挑战,促进服务互联、提高服务效率、增加供给能力、增强服务品质、加强服务监管、提升服务信誉,将是长三角数字服务未来发展的重要方向。

服务是离散世界的高效连接者,相对于重量级的组织集成,轻量化的服务更易互联,从而快速满足用户需求,使得离散世界更加连续,创造美好生活。不断涌现的数字服务新业态推动业务服务网络和计算服务网络打通连接,将人、机器、物理空间连接起来,形成多层次的服务网络,增强了服务供给能力。

长三角数字服务业虽然取得巨大发展,但服务资源的利用还属于粗放型,服务资源割裂,平均服务效率有待提升,单位资源的服务能力不足。由于服务资源和服务能力的限制,满足人民美好生活的优质服务不多,如健康养老、个性化健康、个性化金融等优质服务供应能力缺乏,数字服务业面临应用新技术进行升级改造,以实现服务互联,提升服务效率和品质,增强服务能力和供给等问题。

长期以来,我国信用体系建设滞后,信誉体系是社会的基石,良好的信用体系可大幅降低服务交易的成本,我国信用体系的现状也严重束缚了高效率的服务交易流程的实施和创新。同时我国对数据和个人隐私保护的力度不够,服务网络安全体系尚未完全形成,这在短期内促生了一些服务业,但长期将会影响我国数字服务业的可持续健康发展。

(2)服务场景创新加速,不断丰富数字服务新模式与新业态

物联网、互联网、5G等网络技术的发展,使得万物得以连接,离散世界变得更加连续,世界也从失控状态不断向受控状态演变。连接方式的改变,改变了信息的传播方式,改变了过去"提供者、用户和产品"三者失控的状态,"提供者、用户和产品"已成为紧密耦合,颠覆了传统"产品买卖"的价值实现模式,使得服务成为价值实现的可能和必要手段,使得各行业服务化已成为大势所趋,"+服务"正在成为产业业态演化的重要方向,各领域服务场景创新加速,数字服务的新场景、新业态和新模式将不断涌现。

在场景创新、模式创新的推动下,新兴数字服务会呈现以下特点。一是服务主体多元化,即服务主体从传统的个体和组织延伸到包括机器、系统在内的非生物智能主体。二是服务交互间接化,即在以平台经济为代表的新服务模式下,服务过程演变为以中间平台为媒介的间接交互过程,数字服务将连接离散世界的人机物,使连接、交互更加顺滑。三是服务过程简约化,即多次交互的服务过程变为简约式的一站式过程。四是服务内容融合化,即服务内容和目标将被化整为零形成碎片,每一个碎片化目标再由不同的服务提供者来完成,众多服务跨界融合、相互协同完成一个复杂目标。五是服务需求全景化,即大数据使得服务的跨域供给成为可能,应用的深入使得用户需求呈现全景化趋势。六是服务时机主动化,即服务在时间维呈现提早化,服务的提供由用户提出,服务演变为主动关爱,大幅提升用户体验。

(3)服务空间拓展再造,为数字服务的发展提供更广阔平台

一方面,长三角一体化等国家重大战略的实施,使得现有数字服务业发展集聚区更加集中,长三角区域的若干数字服务集聚区将会持续增强;另一方面,我国人口众多、农村服务业发展相对落后,随着乡村振兴战略的推进,城乡差别、区域差别将逐步缩小,小镇等新型分布式服务承载区将集聚附近的村落资源,"小镇青年的力量"将逐步形成。数字服务业需要贯彻乡村振兴新理念,加快技术推广和大规模应用,为促进创新驱动、发展协调、民生改善及可持续发展提供新动力。

同时,数字虚拟空间成为数字服务业发展的重要依托,服务出海促进数字服务业国际化。物理空间、人类空间和数字空间相互融合,主从世界发生变革,虚拟数字空间成长加速,新冠疫情等重大突发事件更加快了这一转化速度,面向数字虚拟空间的数字服务将会更加丰富。服务出海是数字服务业的重要趋势与拓展国际空间的重要手段。虽然在中美博弈的影响下,我国面临的国际竞争环境发生变化,但数字服务业的国际化潮流不可阻挡,我国服务型企业纷纷拓展国际市场,引入国际服务资源,"一带一路"为我国数字服务业的发展提供了历史平台。服务出海将是未来现代服务业的重要趋势。1982 年,中国服务贸易进出口总额只有 47 亿美元;2018 年,中国服务贸易进出口总额超过 5 万亿元人民币,达到 7400 亿美元左右,连续 5 年稳居世界第二。尤其是知识密集型服务贸易比重上升,传统服务贸易比重下降。2018 年,知识密集型服务进出口总额比上年增长 20.7%,远远高于服务贸易整体增速,占服务贸易总额的比重比上年提高 2.5 个百分点。

(4)服务透明监管急迫,成为数字服务可持续发展重要保障

以平台经济为代表的数字服务业虽然发展迅猛,对推动经济高质量发展、满足人民群众美好生活带来众多便利,但也存在隐私泄露、垄断经营、野蛮发展、违规经营、限制竞争、网络欺诈、大数据杀熟等众多问题,如网约车、共享单车等互联网出行的业态,极大地提高了城市居民出行效率,但其社会管理面临制度缺失、监管困难等难题;移动支付方便了百姓交易,也带来国家金融监管的巨大风险。对不断创新的服务业态的监管,包括金融、信用、公共服务等,不仅是产业健康的、可持续发展的需要,也是国家治理、国家安全的重要保障。文化科技融合,产生了直播、短视频等新业态,为知识和信息的传播带来了全新模式,也面临着意识形态、版权保护、不良内容传播等问题。解决数字服务经济新业态所面临的制度问题和监管问题,不仅同步拓展制度边界、治理边界,也会促进服务监管科技的发展,催生数字服务的新业态。例如,我国高度重视平台经济的发展,2021 年 3 月 15 日,中央财经委员会第九次会议重点研究了促进平台经济健康发展问题,强调要补齐短板、强化弱项。

2. 大力发展数字服务,加速长三角一体化进程

数字服务的上述发展趋势和挑战,不仅为长三角数字服务的快速发展指明了方向,同时也提供了强大动能。大力发展数字服务,不仅可以强力助推数字经济的发展,高效助力打造美好生活,也可显著加速长三角一体化进程。对于这一新兴产业的发展,建议长三角做好如下工作。

(1)依托良好的产业态势,高度重视数字服务的发展

在建设长三角一体化的过程中,数字经济已成为长三角经济

发展的重要引擎。2019年,长三角数字经济占其经济体量超四成。根据国家工业信息安全发展研究中心发布的《2020长三角数字经济发展报告》,长三角城市群数字经济发展水平稳步提升,数字经济发展水平总分从2019年的58.3上升至2020年的60.5。长三角数字服务蓬勃发展,形成了具有全球影响力的产业集群,孵化了阿里巴巴、拼多多、携程、蚂蚁金服等一批世界级的数字服务龙头企业。

在此基础上,为了维持长三角经济高速、稳定、持续增长,需要进一步重视数字服务的发展。首先要以数字生活为目标,重视生活性数字服务发展,让居民在日常消费、出行等方面享受到数字化的便利,提升全民生活数字化程度与幸福指数。其次要普及公共服务,推动区域服务融合,努力提高政府的服务水平与效率,推广"一网通办"等数字政务建设,从"城市通"迈入"区域通"时代。再次要着眼于传统产业服务数字化,赋能传统的物流、金融、医疗等服务,通过数字化升级重构服务流程,优化资源配置,改造传统动能,推动产业发展与创新。最后要进一步推动长三角数字一体化建设,发挥数字服务的引擎作用,大力推动消费升级与服务升级,实现产业链再造,打造数字基础服务大平台,为长三角一体化建设注入内生动力。

(2)以新基建为突破口,打造数字服务发展的基础设施

新基建是数字服务发展与创新的基石。2018年12月的中央经济工作会议提出了"新型基础设施建设"这一概念,并于2019年首次出现在政府工作报告中。国家发展和改革委员会将"新基建"

定义为"以新发展理念为引领，以技术创新为驱动，以信息网络为基础，面向高质量发展需要，提供数字转型、智能升级、融合创新等服务的基础设施体系"，主要包含信息基础设施、融合基础设施以及创新基础设施三个方面。

新基建将成为数字服务发展新的驱动力，将为数字服务发展持续注入新动能。数字服务新基建的建设可以从四个层面着手：物理实体层、软件服务层、数据共享层、集成平台层。在物理实体层，要大力建设以5G、物联网等为代表的硬件基础设施，为数字服务高速发展打造基础；在软件服务层，要大力发展定位、支付以及安全等通用服务，通过数字服务连接各行各业；在数据共享层，要打破数据孤岛，加强数据互联互通，形成数据共享标准和机制；在集成平台层，要整合各方数据、资源与服务，打造统一数字服务大平台，助力数字服务智能化、个性化、网络化发展。

(3)以融合发展为重点，大力推动数字服务的产业创新

长三角一体化建设，不仅需要"推进互联网、大数据、人工智能和实体经济深度融合"，还要将跨越不同行业、组织、价值链等边界的服务进行深度融合和模式创新，发展多维度、高质量、富价值的数字服务，形成新的模式与业态，推动产业链、工业链以及价值链的重塑，为产业发展与创新培育新的增长点。

长三角城市群数字服务发展水平相对较高，但是各城市之间、各区域之间协同共享程度较低。因而，加强区域之间、产业之间、企业之间的融合发展建设有利于打破区域界限、产业界限与组织界限,推动产业创新模式、商业范式和生产组织形式的变革,从而实现跨区域服务整合。加强产业融合发展,首先需要推动长三角区域数据整合与开放共享,着眼于数据采集标准、数据共享机制、数据安全保障、数据使用监管等方面,实现数据跨区域、多层级融合。其次要加强数字服务产业的资源融合,整合区域数字服务资源,提高资源使用效率,创新产业生产模式。最后要鼓励数字服务产业跨界融合,创新服务场景,发现服务需求,通过不同领域数字服务的相互协同,创造新的服务模式、商业范式与价值增长点,从而实现数字服务的产业创新。

(4)以生态化为目标,加强数字服务创新场景的孵化

服务生态系统是一个在服务交换中由多个松散耦合的社会和经济参与者通过共享的制度逻辑和价值共创而连接的相对独立、自我调节的系统。为了最大化资源和服务环境对经济活动的支持作用,使长三角区域内的经济行为、资源和环境动态相互作用和协调发展,数字服务及服务生态系统成为产业生态化的重要驱动力。

为了实现生态化目标,首先,需要通过传统行业服务数字化的方式,规范长三角不同区域行业的企业生产、营销、产品等各项标准,赋能领域间数字融合。在这个过程中,数字服务可以充分发挥全链路监控、数字化管理的优势,对传统产业进行选择和赋能,创新服务场景,构建服务生态。其次,依据数字经济整体及长远发展前瞻,规划长三角产业及各地区分支产业的生态化发展路径,在产业内部按照生态运行方式进行服务布局和数字化企业组织,建立分支产业之间的联系,并通过生态化的产业关系建立跨界的服务生态关系与运行机制。最后,需要将企业、产业和数字经济系统建立在生态化的统一服务平台上,如"最多跑一次"政务服务平台,以持续创新优化新型数字服务场景为基准,生态化为目标,跨界服务融合为手段,加强数字服务场景创新水平,推进数字经济和数字服务生态化健康快速发展。

(5)以评价指标为抓手,建立数字服务发展的动力和激励体系

评价指标体系是指由表征评价对象各方面特性及其相互联系的多个指标所构成的具有内在结构的有机整体。评价指标体系的重要性在于能对评估目标的自身表现和其内部的组织协调过程进行量化和描述。建立全面有效的评价指标体系有利于长三角数字服务产业健康、稳健的持续发展,并有助于形成数字经济创新创建激励体系。

要构建成熟可靠的数字服务发展评价指标,一方面要构建面向长三角数字经济的评价理论基础。评价指标体系的理论基础需要涵盖评估体系的基本架构、逻辑一致性和内容完整性等方面,要充分体现长三角产业服务数字化的重要性,揭示数字经济发展的规律,进而提出多层次、多方位的数字服务评估方法。评价指标要能够从系统论、价值论和过程论的角度全面处理好数字服务环境下长三角区域众多服务提供商以及各类参与者的关系和重要度等级,创造和提高传统产业的生产效率和社会价值,赋能长三角数字经济和传统产业的持续协调发展。另一方面评价指标体系要有较高的可操作性,能够激励长三角数字服务和数字经济的快速健康发展。这要求数字服务评价指标体系需要具备有效评估长三角数字服务的可行性和激励数字经济发展的实用性。前者要求评价指标是可观察的和可量化的,能够对数字化建设水平做出客观评估;后者要求评价指标体系对数字服务和数字经济的发展方向和关键决策具备指导作用,能够有效建立长三角数字化发展激励机制体系。

图书在版编目（CIP）数据

数字长三角战略.2021:数字创新 / 浙江大学数字
长三角战略研究小组著. —杭州：浙江大学出版社，
2021.5

ISBN 978-7-308-21363-9

Ⅰ.①数… Ⅱ.①浙… Ⅲ.①数字技术—应用—长江
三角洲—区域经济发展—研究—2021 Ⅳ.①F127.5-39

中国版本图书馆 CIP 数据核字(2021)第 083886 号

数字长三角战略 2021：数字创新

浙江大学数字长三角战略研究小组　著

策划编辑	张　琛　吴伟伟
责任编辑	钱济平　陈佩钰
责任校对	许艺涛
封面设计	雷建军
出版发行	浙江大学出版社
	（杭州市天目山路 148 号　邮政编码 310007）
	（网址：http://www.zjupress.com）
排　　版	杭州青翊图文设计有限公司
印　　刷	浙江海虹彩色印务有限公司
开　　本	710mm×1000mm　1/16
印　　张	9.25
字　　数	95 千
版 印 次	2021 年 5 月第 1 版　2021 年 5 月第 1 次印刷
书　　号	ISBN 978-7-308-21363-9
定　　价	68.00 元